조선 지식인의
비평 노트

엄윤숙

고전연구회 사암俟巖 대표. 오늘 우리가 안고 있는 고민과 문제들에 대한 깊이 있는 질문과 신선한 답을 고전에서 찾고자 한다. 《조선 지식인의 독서 노트》, 《조선 지식인의 글쓰기 노트》, 《조선 지식인의 말하기 노트》, 《조선 지식인의 아름다운 문장》, 《조선 지식인의 비평 노트》(이상 공저), 《어린이를 위한 조선 지식인의 독서 노트》, 《어린이를 위한 조선 지식인의 글쓰기 노트》, 《어린이를 위한 조선 지식인의 말하기 노트》.

한정주

전남 고흥에서 태어나 동국대학교 사학과를 졸업하고, 10여 년간 역사와 고전(철학·사상)에 대한 연구를 해왔다. 《영웅격정사 - 인물비교로 보는 사기와 플루타르크 영웅전》, 《천자문면 - 신화·역사·문명으로 보는 125가지 이야기》, 《한국사천자문》.

고전연구회 사암俟巖

고전의 대중화를 위해 시작된 모임이다. 큰 바위와 같은 넉넉함으로 미래 세대를 기다린다는 의미로 사람과 세상을 위한 새로운 고전 읽기를 하겠다는 뜻을 담고 있다. 고전을 연구하는 학자부터 청소년과 일반인에 이르기까지 고전에 관심을 가지고 있는 사람들이 함께하여, 방대하고 어려운 고전을 일반 독자와 함께 즐길 수 있도록 다양하고 끊임없는 도전을 시도하고 있다.

조선 지식인의 비평 노트

발행일　2007년 6월 22일(1판 1쇄)
　　　　2015년 5월 11일(3판 -POD)

지은이　고전연구회 사암俟巖 엄윤숙·한정주
발행인　유현종

발행처　포럼
등　록　2003년 11월 27일 (제406-2012-000053호)
주　소　경기도 파주시 탄현면 새오리로 237
전　화　02-337-3767
팩　스　02-337-3731
이메일　eforum@korea.com

ⓒ 고전연구회 사암俟巖, 2007
ISBN 978-89-92409-77-3 (03900)

※ 이 책은 저작권법에 따라 보호받는 저작물이므로 무단전재와 무단복제를 금하며,
　이 책의 전부 또는 일부를 이용하려면 반드시 저작권자와 포럼의 서면동의를 받아야 합니다.
※ 책값은 뒤표지에 있습니다. 잘못된 책은 바꾸어 드립니다.

이 도서의 국립중앙도서관 출판예정도서목록(CIP)은 서지정보유통지원시스템 홈페이지(http://seoji.nl.go.kr)와 국가자료공동목록시스템(http://www.nl.go.kr/kolisnet)에서 이용하실 수 있습니다.(CIP제어번호: CIP2014035669)

　이 책은 디지털 인쇄 방식인 POD(Publish On Demand)로 제작되었습니다. POD는 품절된 도서 중 독자의 요청이 있을 경우 소량으로 제작되는 시스템입니다. POD 방식은 제작단가가 높아 기존의 도서보다 책값이 높게 책정됩니다.

조선 지식인의
비평 노트

고전연구회 사암俟巖 엄윤숙·한정주

머리말

조선의 지식인들은 글을 읽고, 쓰고, 서로 품평하는 일이 일상생활이었습니다. 이렇게 평생토록 쓴 글들을 모아 개인의 문집이나 여러 사람의 시문집을 엮는 일 또한 일상사였습니다. 최근 밝혀진 사실에 의하면, 18세기에는 나무활자 등 인쇄용구 일체를 지게로 지고 다니면서 개인 문집이나 집안의 족보를 인쇄해 주는 1인 출판업자들이 유행했다고 합니다. 그만큼 조선 시대에는 이 시대 못지않게 글을 읽고 쓴 사람이 많았고 또 그것을 책으로 편찬하려는 문화적 욕구가 강했습니다.

글을 읽고 쓰는 사람이 많으면 자연스럽게 글을 품평하고 비평하는 사람 또한 많아지게 마련입니다. 그래서 고전연구회 사암俟巖은 '비평'을 주제로 다루게 되었습니다.

이전에 나온 『조선 지식인의 글쓰기 노트』가 옛 사람들의 글쓰기에 대한 마음과 생각을 알아보고자 했다면, 이 책에서는 옛 사람들이 어떤 태도와 마음가짐으로 자신의 글은 물론 다른 사람의 글을 대했는지를 알아보려고 했습니다. 그리고 글에 대한 비평과 더불어 그림과 서예, 음악과 건축 등 다양한 분야의 비평까지 아울러 살펴보았습니다.

  조선의 지식인들 중에는 탁월한 문장력뿐만 아니라 뛰어난 그림과 서예 솜씨를 갖춘 문인들이 적지 않았습니다. 이는 옛사람들이 문화를 향유하고 구축하는 것을 지식인이 갖추어야 할 기본적인 덕목으로 보았기 때문이기도 합니다.

  이 책 『조선 지식인의 비평 노트』는 박지원, 유몽인, 유성룡, 이덕무, 정약용 등 한 시대를 풍미했던 우리 옛 선비들의 비평을 그들이 지은 저술이나 문집 속에서 뽑아 새롭게 구성했습니다. 다만 저술과 문집의 원문이 갖고 있는 한문체 문장과 표현법이 무척 난해하여, 원문의 본뜻과 내용을 크게 침해하지 않는 범위에서 문장을 고치고 다듬었습니다. 또 각각의 글 뒤에는 글을 읽으며 공감하고 느낀 소감을 짧게 기록했습니다.

  『조선 지식인의 비평 노트』가 독자들에게 글을 보는 눈과

듣는 귀를 한 단계 더 끌어올릴 수 있는 계기가 될 수 있기를
바랍니다.

고전연구회 사암俟巖
엄윤숙·한정주

차례

머리말 • 5

평탄함을 얻지 못한 자의 울부짖음 김시습 비평 • 16
비평을 대하는 두 가지 태도 비평론 • 20
자신의 마음과 뜻을 드러낸 시 정인홍 비평 • 24
살아 있을 때 간행한 문집 문집 비평 • 26
일찍이 보지 못한 기이한 문장 조식 비평 • 29
문장에 깃든 기운과 담긴 뜻에 따라 차이가 있다 기대승 비평 • 32

글 짓는 어려움을 알았던 연암 박지원 비평 • 35
성난 사자가 돌을 긁는 듯 한석봉 비평 • 39
항아리 덮개에나 쓸 글이라고 비난받을까봐 그만두겠는가 장유 자평 • 42
행동이 논리만 못한 사람과 논리가 행동만 못한 사람 문장가 비평 • 44
세상 사람들이 꺼린 백사의 만인시 이항복 비평 • 49
퇴계가 시를 잘 짓지 못했다? 이황 비평 • 52

속마음을 감추고 익살스러운 말과
　　기괴한 행동을 보인 이지함 이지함 비평 • 56

왼손으로 네모를 그리면서
　　오른손으로 동그라미를 그릴 수는 없다 이수광 비평 • 59

문장의 차이는 세상과 더불어
　　오르내리는 기운에 따라 다르다 장유 비평 • 64

너무 많아 넘치거나
　　지나치게 간략한 것 모두 잘못이다 명문장집 비평 • 67

나라를 빛낸 가문, 평강 채씨 평강 채씨 비평 • 71

천자문은 어린 아이들이 배우기에 적당하지 않다 『천자문』 비평 • 76

잡스럽고 천박한 글이라도 반드시 얻을 것이 있다 『잡찬』 비평 • 80

귀신의 안목을 갖춘 비평가 김수온 비평 • 85

비교할 만한 문인이 드물다 유몽인 자평 • 87

인간의 경지를 넘어선 묵란화 흥선대원군 비평 • 93

글의 좋고 나쁨은 말을 잘 꾸미는 데 있지 않다 시 비평 • 97

비천한 백성의 노래가 시보다 훌륭하다 민요 비평 • 99

기이하고 신비스러운
    이야기나 소설이 존재하는 이유 『태평광기』 비평 • 102

문장에 자연의 이치를 담은 목은 이색 이색 비평 • 106

조선의 학문적 뿌리, 포은 정몽주 정몽주 비평 • 109

박지원이 중국에서 태어났더라면 박지원 비평 • 113

신하의 절개와 의로움을 밝힐 수 있는 근본 뿌리 길재 비평 • 118

옛 사람의 문장을 뛰어넘다 이숭인 비평 • 122

옛 문장을 근거 삼아 오늘의 문장을 비평하지 말라 문장 비평 • 125

순수하고 독실한 자질을 갖추다 김세규 비평 • 128

보여 주어야 할지 말아야 할지 비평론 • 132

나 스스로를 비평한다 허목 자평 • 135

제봉 고경명은 용과 같은 사람이다 고경명 비평 • 139

역사를 기록하는 붓끝이 부리는 조화 역사가 비평 • 143

하늘과는 통하면서 사람과는 통할 수 없단 말인가 현옹 비평 • 146

다른 사람이 지은 글을 비평하는 올바른 방법 비평론 • 149

시가 사람을 궁색하게 만든다는 주장에 대한 변론 시 비평 • 151

옛 사람의 교훈에 정신을 빼앗기다 이덕무 비평 • 156

모든 것을 잊고 한 가지에 미쳐야만 이룰 수 있다 기예가 비평 • 162

허공의 꽃이나 물속에 잠긴 달 허난설헌 비평 • 165

붉은 까마귀라 해도 좋고 푸른 까마귀라 해도 좋다 시 비평 • 170

우리 명문장가의 계보를 밝힌다 명문장가 비평 • 174

노자, 장자, 순자, 한비자의 글을 비평한다 제자백가 비평 • 178

기상의 화려함만으로 시를 지으면
    시의 품격을 이룰 수 없다 시 비평 • 183

겉은 아름답지만 속은 텅 빈 책과
    겉은 하잘것없어도 속은 꽉 찬 책 소천암 비평 • 185

나의 스승 손곡산인을 말한다 이달 비평 • 189

가려 뽑아 엮은 우리나라 명문장 문선 비평 • 194

은을 철이라고 생각한들 이지함 비평 • 197

고려 시대에 전해오는 여성 시는 단 한 편뿐 고려의 여성 시 비평 • 200

문장에만 매달리면 광대나 다름없어진다 장유 비평 • 202

시란 책으로 배울 수 있는 것이 아니다 유희경 비평 • 207

우리나라 문장의 선구자, 최치원 최치원 비평 • 211

볼 줄 아는 눈, 들을 줄 아는 귀 문장 비평 • 213

나는 유자후의 바탕이 글보다 못하다고 본다 유자후 비평 • 215

돌이 처음부터 끝까지 옥을 완성한다 안석 비평 • 218

전(傳)이란 한 인물이 눈에 선하게 그려져야 한다 자기 비평 • 221

시란 바람이 물체를 움직이듯 사람의 마음을 움직인다 시 비평 • 224

그가 나의 그림을 알아주니 다행이다 그림 비평 • 226

음악이 바르면 마음이 바르게 된다 음악 비평 • 228

말하지 않는 것이 없어 왕이 꺼렸다 정습명 비평 • 232

봄볕과 같이 따스한 사람 인물 비평 • 234

지금 또 이 글을 해석해서 인쇄하시니 서책 비평 • 236

평생 눈에 갖다 바쳤던 것을 입에 갖다 바칠 수밖에 미술 비평 • 240

술에 등급이 있다면 술 비평 • 242

이름을 대신할 것을 생각하다 인물 비평 • 243

입맛을 다시다 음식 비평 • 247

저의 뜻을 아십니다 건축 비평 • 250

지리산에 올라 보면 산 비평 • 253

친구에게 배우다 인물 비평 • 255

평탄함을 얻지 못한 자의 울부짖음

비평을 대하는 두 가지 태도

자신의 마음과 뜻을 드러낸 시

살아 있을 때 간행한 문집

일찍이 보지 못한 기이한 문장

문장에 깃든 기운과 담긴 뜻에 따라 차이가 있다

글 짓는 어려움을 잘 알았던 연암

성난 사자가 돌을 긁는 듯

항아리 덮개에나 쓸 글이라고 비난받을까봐 그만두겠는가

행동이 논리만 못한 사람과 논리가 행동만 못한 사람

세상 사람들이 꺼린 백사의 만인시

퇴계가 시를 잘 짓지 못했다?

속마음을 감추고 익살스러운 말과 기괴한 행동을 보인 이지함

왼손으로 네모를 그리면서 오른손으로 동그라미를 그릴 수는 없다

집 안에 있는 못 쓰는 빗자루를 두고 천금의 값어치가 있다며 품고 있는 일은 정신을 못 차리는 어리석은 짓이다. 하지만 항아리 덮개에나 쓸 글이라고 비난을 받을까봐 문집 만들기를 두려워하는 일 또한 학식과 견문을 갖춘 사람이 할 짓이 못 된다. 나를 알고 있는 사람들에게 꾸짖음이나 받지 않는다면 다행한 일이라고 여길 뿐이다.

평탄함을 얻지 못한 자의 울부짖음
_김시습 비평

　세상에는 맑고 밝고 세밀하고 빼어난 기운을 하나로 모아 영민하고 매우 뛰어난 자질을 타고난 사람이 있다. 더욱이 말과 글이 강과 바다처럼 드넓고, 돌과 쇠처럼 단단해 천하에 크게 이름을 떨친 사람도 있다. 김시습이 바로 이런 사람이다.

　하늘은 인재를 세상 바깥으로 우연히 내보내지 않는다. 김시습은 시대를 만나지 못해 대학자의 반열이나 정치가의 자리에 드는 기회를 얻지 못한 채, 산림 속에 은둔하다가 굶주려 죽었다. 그렇다면 하늘은 진정 어떤 마음으로 김시습을 세상 바깥으로 내보냈는가?

　김시습은 아주 어렸을 때부터 글의 뜻을 깨우쳤다. 또 칼날이 닿으면 대나무가 스스로 갈라지듯 타고난 총명함으로 다른 사람에게 가르침을 받지 않고도 온갖 책들을 쉽게 터득했다. 옛 문장과 책을 보는 대로 모두 기억하고, 깊게 사색한 다음에야 얻을 수 있는 학문의 진리와 이치에 대해서도 나름의 영역을 세웠다. 하늘로부터 받은 자질이야 말할 것도 없고, 그 사람됨과 성품은 성인聖人의 반열은 아니더라도 그에 버금간다고 할 수 있다.

김시습이 자신의 생각을 마음속 깊이 간직하고서 세속을 떠나 아예 돌아오지 않으며, 유학을 버리고 불교에 입문한 후 병든 사람처럼 미친 척하여 사람들을 놀라게 한 이유는 무엇일까?

평생 동안 남긴 행적을 살펴보면, 시를 지어 놓고도 울었고, 나무를 조각하고도 울었고, 벼를 베어 놓고도 울었고, 산고개를 넘으면서도 울었고, 갈림길을 만나서도 울었다. 한평생 그가 마음속 깊이 간직한 깊은 뜻을 쉽게 엿볼 수는 없지만, 대체로 '평탄함'을 얻지 못해서라고 할 수 있다.

김시습은 세상사에 초연한 듯 높은 곳을 밟고 살면서, 세상을 비웃고 산과 계곡을 찾아 즐기며 방랑객으로 살았다. 또한 조용하고 고요해 외로이 홀로 떠 있는 구름이나 하늘을 나는 한 마리 새와 같았다. 가슴속은 밝고 맑아 얼음 항아리나 가을 달에 견주어도 전혀 부끄럽지 않아, 그 고상한 분위기와 단아한 운치는 필설로 나타내기 어렵다. 옛 사람이 말한 "홀로 우뚝 솟아 행하면서 만세萬世가 흘러도 돌아보지 않는다."

라는 표현에 가깝다고 하겠다.

 그는 시를 지을 때 인간의 본성과 감정에 근본을 두면서 읊조림을 형상화했기 때문에, 여러 번 반복해서 다듬거나 화려하게 장식하지 않아도 저절로 문장이 이루어졌다. 장편이든 단편이든 문장이 나오면 나올수록 불필요하거나 모자라는 구석이 없었다. 어쩌다 우수에 젖거나 분노와 근심 어린 마음을 가누지 못하거나 응어리진 가슴속을 스스로 풀어헤칠 수 없으면, 반드시 문자로 글을 지어 드러내곤 했다. 그럴 때는 마음 가는 대로 자유롭게 붓을 휘둘렀다.

 처음에는 즐기는 듯 희롱하는 듯 혹은 재미난 연극을 펼치듯 조금도 마음에 거리낌이 없이 하다가 억누르고 드날리고 열거나 닫는 변화를 헤아릴 수 없을 정도로 나타내 보였다. 온갖 문체를 다 보여 주고 온갖 현상을 다 드러내어 빠르고 세차게 나아가다가 갑자기 꺾었고, 그윽하고 작은 곳을 돌거나 빽빽하게 하여 보는 사람들로 하여금 슬픔과 비통함에 잠기게 하고 고요함에 떨게 만든다. 더러 호기를 부려 방자한 듯하다가도, 조용하고 한가롭게 높이 날거나 멀리 가기도 한다. 우스갯소리를 뒤섞은 기묘한 말 속에는 감동을 불러일으키는 꾸짖음도 있다.

 세상을 가르치고 풍속을 두텁게 하는 말들이 한두 가지가 아니다. 파도가 일지 않아 물이 잔잔하게 흐를 때는 깊이를 알 수 없다가도 거센 회오리바람을 만나 언덕과 바위에 부딪치면

격랑을 일으키는 이치와 같다. 이것은 '평탄함'을 얻지 못한 그의 울부짖음이라고 할 수 있겠다.

예부터 걸출한 문장가는 방랑객이나 초야에 묻혀 사는 사람들 가운데에서 많이 나왔다. 마음속의 뜻이 평온함과 고요함 그리고 편안함을 얻지 못하면, 글에 드러나는 것이 기이하기를 기대하지 않아도 저절로 기이하게 된다. 이 같은 사실로 미루어 보면, 생각에 시름이 어려 있는 사람이 내뱉는 소리는 기묘하고, 곤궁하거나 의지할 곳이 없어 외로운 사람의 말은 격언이 되기 쉽다는 사실은 믿을 만하다고 하겠다.

이산해, 『아계유고』 '매월당집에 붙여梅月堂集序'

> 아둔한 사람은 똑똑한 사람을 이기기 어렵고
> 똑똑한 사람은 부지런한 사람을 이기기 어렵고
> 부지런한 사람은 생각하는 사람을 이기기 어렵습니다.

비평을 대하는 두 가지 태도
_비평론

　글을 짓는 사람들을 살펴보면 두 가지 부류가 있다. 하나는 글의 잘못된 곳을 지적해 주면 기뻐하고, 비평을 듣는 일을 즐거워하며, 글을 고치는 것 또한 전혀 꺼리지 않는 사람이다. 다른 하나는 벌컥 화를 내고, 스스로 잘못된 곳을 알면서도 절대 고치지 않는 사람이다.

　고봉 기대승은 자신의 문장에 대한 자부심이 대단했다. 그가 지제교知製敎, 왕에게 글을 지어 바쳤던 벼슬로서 임금의 명을 받아 시문에 지어서 바쳤는데, 승정원의 한 승지가 그 시문의 잘못된 부분을 지적해 표시를 해 놓았다. 그러자 기대승은 매우 화를 내며 심부름한 아전을 크게 나무랐을 뿐 아니라 단 한 글자도 고치지 않았다.

　유근이 도승지가 되었을 때 이호민이 임금의 명을 받아 시문을 지어 바친 적이 있다. 유근은 시문에 수많은 표시를 붙여 이호민에게 고칠 것을 요청했다. 그런데 이호민은 어떤 부분은 고쳤지만 어떤 곳은 고치지 않고 돌려보냈다. 그래서 유근이 다시 심부름하는 아전을 보내 고쳐줄 것을 재삼 요청했다. 또한 '합歃' 자에 표시를 붙여, 이 글자가 도대체 어떤 글자인지에 대해 물었다. 이호민은 유근의 표시와 질문에 냉소하듯 "유근은 우리나라의 시문만 읽고 중국의 문선文選은 보지도 않았단 말이냐?"라고 말했다. 그리고 그 자리에서 곧바로 붓을 들어 주석과 해설을 적어 주었다. "문선부文選賦에서 들판을 들이마시고歃 산을 내뿜어 예절의 나라인 호鄗를 들이마신다歃고 했는데, 여기에 쓰인 합歃 자는 흡吸 자의 고자古字다."

그런데 유근은 또 다시 아전을 보내 자신이 표시한 부분을 모두 고치라고 했다. 결국 이호민이 심하게 화를 내자, 그때서야 유근은 매우 부끄러워했다.

이후부터 신진 관료의 변변치 못한 글일지라도 함부로 고치라고 하지 못했는데, 이들 역시 심하게 화를 내며 글을 고치지 않았기 때문이다. 유근과 재상 심후수가 태학사가 된 후 자신들의 글 가운데 잘못된 곳을 지적하는 사람이 있으면, 돌연 화를 내고 분노한 얼굴빛을 드러냈다. 그러나 다른 사람에게 감히 말하지는 못했다.

정사룡은 시를 지으면 다른 사람에게 보여 주는 일을 즐겼다. 더러 사람들이 잘못된 곳을 지적하면 기쁜 표정을 지으며 아무런 거리낌 없이 글을 고쳤는데, 물 흐르듯 자연스러웠다. 자신의 글을 퇴계 이황에게 자주 보여 주었는데, 혹시 퇴계가 글의 잘못된 부분을 지적하면 바로 그 자리에서 붓을 들어 고쳤다. 이 또한 어색하거나 곤란한 기색을 조금도 찾아볼 수 없었다. 퇴계 이황 역시 정사룡이 자신의 충고를 기꺼이 받아들이는 일을 기뻐했다.

일찍이 과거 시험장에서 퇴계 이황이 왕각배율 20운을 지어 꼼꼼하게 고쳐 다듬은 다음, 정사룡에게 지은 율시를 보여 달라고 요청했다. 그러자 정사룡이 초고한 율시를 보여 주었다. 그런데 정사룡의 율시 중 "석양녘 처마 먼저 새하얗게 빛을 발하고, 투명한 바람 살랑대니 아직 차가운 가을날은 아니구나."라는 구절을 읽고서는 무릎을 치며 감탄하고 칭찬했다. 그리고 "오늘 시험에서 정사룡이 아니면 누가 장원급제를 하겠는가?"라고 하면서, 시를 소매에 감춘 채 끝내 보여 주지 않았다. 또한 퇴계는 자신이 지은 율시는 과거 시험장에 제출하지도 않고 그냥 집으로 돌아가 버렸다.

유몽인, 「어우야담」

한 글자도 고치지 않는 자존심 뒤에는
한 글자도 허투루 쓰지 않는 성실함이 있어야 합니다.
한 줄도 바꾸지 않는 자신감 뒤에는
한 줄도 얼렁뚱땅 쓰지 않는 책임감이 있어야 합니다.

자신의 마음과 뜻을 드러낸 시

_정인홍 비평

    정인홍은 어렸을 때 산 속의 절에서 글을 읽은 적이 있었다. 때마침 관찰사가 그 절에 이르러, 밤에 글을 읊는 소리를 듣고 찾아갔다. 어린 아이가 글을 읊는 모습을 가상하게 여긴 관찰사는 정인홍에게 "시를 잘 짓느냐?"고 물었다. 그러자 정인홍은 잘 짓지 못한다면서 사양했다. 관찰사는 불탑 주변의 소나무를 제목으로 시를 짓게 했는데, 정인홍은 그 자리에서 다음과 같은 글을 지었다.

    작고 여린 외로운 소나무가 탑 서쪽에 서 있네.
    탑은 높고 소나무는 낮아 서로 견줄 수 없네.
    오늘 외로운 소나무 작다고 말하지 말라.
    다가오는 날에 소나무 다 자라 탑이 오히려 작으리.

관찰사는 정인홍이 지은 시에 담긴 뜻을 깨닫고 감탄을 금치 못했다. 그러면서 "먼 훗날 너는 반드시 크게 이름을 떨칠 것이다. 그러나 시에 담긴 뜻이 지나치게 과격하다. 부디 경계하도록 하라."고 일러 주었다.

그 후 정인홍은 남명 조식의 문하에서 공부해, 세상 사람들에게 크게 존경을 받았다. 인종 반정 이후 서인 세력에게 죽임을 당했을 때, 정인홍의 문하에는 수많은 제자들이 있었다. 그들은 스승의 죽음으로 슬픔과 분노로 가득 차 한결같이 벼슬에 나아가 출세하는 일을 수치스럽게 생각했다. 합천 주변의 여러 고을은 대대로 벼슬아치가 끊어지고, 선비의 이름을 떨치지 못하게 되었다. 이는 모두 정인홍에게서 시작된 일이다.

이익, 『성호사설』 '정인홍의 시鄭仁弘詩'

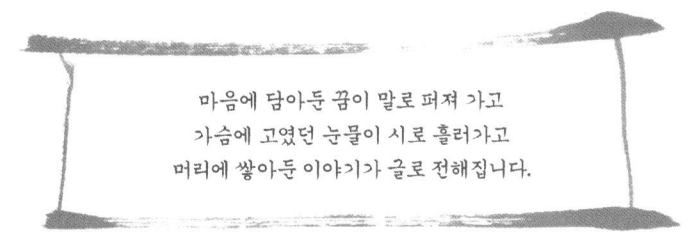

마음에 담아둔 꿈이 말로 퍼져 가고
가슴에 고였던 눈물이 시로 흘러가고
머리에 쌓아둔 이야기가 글로 전해집니다.

살아 있을 때 간행한 문집
_문집 비평

  중국에서는 지은이가 저술한 책은 반드시 살아 있을 때 간행하고, 사망한 다음에는 간행하지 않는 풍속이 있다. 반면 우리나라에서는 걸출한 선비라고 하더라도, 살아 있을 때는 저술한 책을 간행하지 못한다. 책자를 정확하고 세밀하게 베껴 놓기만 해도 사람들은 생문집生文集일 뿐이라며 비웃는다. 그리고 그 책의 지은이 또한 자신의 문집이라는 사실을 감히 밝히지 못하고 "그저 붓 가는 대로 끄적거린 만초蔓草요, 만록漫錄일 뿐이다."라고 말한다. 이것은 아주 비루한 짓이지 겸손이라고 할 수 없다.

  '집集'이란 합한다는 뜻이다. 내가 지은 시나 문장을 모두 합했기 때문에 집이라고 한다. 따라서 용렬한 시나 치졸한 문장이라고 해도 이미 책 속에 넣었다면 모두 집이 된다. 사람들은 겸손을 떤다고 만초요 만록이라고 하는데, 무엇이 두려워서 집이라고 말하지 못한단 말인가?

요즘 중국의 풍속을 보면, 자기 이름 정도만 쓸 줄 알면 하잘것없는 장사치들조차 문집을 조판해 간행한다. 문집을 판각한다고 배나무와 대추나무를 함부로 베니, 그 재앙이 심각하다. 참으로 구역질이 날 정도다.

우리나라 선비 중에도 살아 있을 때 문집을 인각한 사람이 있다. 이색의 『목은집』에 보면, "나 판서가 자신의 『중순당집』을 상주에서 간행했다. 그때 내게 글을 써 달라고 부탁하면서, 속성으로 해 주기를 요청했다. 그가 시를 좋아하는 성품과 그것을 전하려는 마음이 이토록 심했다."고 했다. 그러면서 이색은 다음과 같은 시를 써서 주었다.

> 아름다운 시구는 글을 읽는 선비들이 읊고
> 높은 뜻은 주변 나라들이 모두 아네.
> 그대는 마땅히 힘을 다해
> 요즘 찾아보기 힘든 기록을 모두 모아 남겼네.

이수광이 지은 『지봉유설』에도 생전에 문집을 간행한 대문장가들을 거론하고 있다.

"고려의 이규보와 우리 조선의 서거정, 강희맹의 문집은 그들이 살아 있을 때 인쇄하여 세상에 널리 퍼졌다."

이덕무, 『청장관전서』 '살아 있을 때 간행한 문집生時刊行文集'

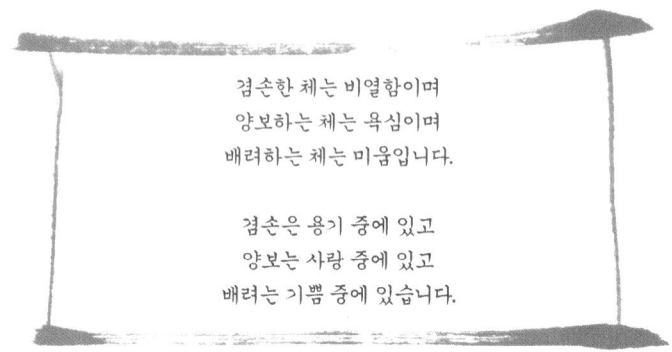

겸손한 체는 비열함이며
양보하는 체는 욕심이며
배려하는 체는 미움입니다.

겸손은 용기 중에 있고
양보는 사랑 중에 있고
배려는 기쁨 중에 있습니다.

일찍이 보지 못한 기이한 문장
_조식 비평

　남명 조식 선생이 지은 글은 매우 기이했다. 퇴계 이황 선생은 남명이 지은 계복당 등에 관한 글을 보고, "『장자』의 내용 중에서 이런 글은 보지 못했다."고 말했다. 이 말은 비난하는 뜻을 담고 있었다.
　남명은 일찍이 "나의 글은 비단을 짜되 완성을 보지 못한 것과 같고, 퇴계의 글은 베를 짜되 완성을 본 것과 같다."고 했는데, 그 자신도 알았던 모양이다. 또한 남명은 친구인 삼족당 김대유의 묘비에 새기는 글을 지었는데, 다음과 같은 내용을 담고 있다.
　"나는 다른 사람의 말과 행동에 대해 보증 서는 일을 잘 하지 않는데, 유독 천하의 선비라고 할 수 있는 삼족당 김대유에게만은 허락하고자 한다.

어떤 사람이 보기에 삼족당 김대유는 학문과 식견이 매우 넓고 깊은 대학자로 이치를 따지고 세상을 다스리는 사람이겠지만, 또 어떤 사람이 보기에는 키가 크고 몸집이 거대한 용맹하고 굳센 선비로서 활 쏘는 일과 말 타는 일에도 서툴지 않았던 사람일 것이다.

서당에 홀로 있으면서 길게 노래하고 느리게 춤을 추어, 그 집안 식구들도 삼족당이 품은 뜻을 들여다볼 수 없었다. 이것은 본래 그 성품이 즐거움을 갖춰 시가를 읊고 춤을 춘 것이다. 산과 강에 몸을 맡긴 채 낚시하고 사냥하니, 당시 사람들은 오히려 방탕한 사람이라고 생각했다.

그러나 이것은 세상을 등진 채 숨어 지내면서도 답답해하지 않고, 더욱 모습을 감추고 드러내지 않은 것이다. 크고 깊은 도량을 닦느라 힘쓰는 일은 그의 어짊仁이고, 말과 주장이 과격하고 밝고 굳센 것은 그의 의로움義이다. 착한 행실을 중히 생각해 스스로 선한 데 머무르고, 널리 다른 사람을 구제하기를 좋아해 스스로를 구제했으니, 이것은 운명인가 아니면 시대를 잘못 만난 탓인가?"

이 묘갈명 한 편만으로도 남명의 글이 특이했다는 말의 대략을 엿볼 수 있다.

이익,『성호사설』'남명 조식 선생의 문장南冥先生文'

부처 눈에는 부처만 보이고
돼지 눈에는 돼지만 보입니다.
평범한 사람의 눈에 선비는
책상 앞에 앉아 조는 듯 세상을 사는 사람이거나
방탕하게 세월이나 보내는 사람입니다.

문장에 깃든 기운과
담긴 뜻에 따라 차이가 있다

_기대승 비평

　세상에 나온 문집은 과거와 현재를 통틀어 몇 문장가의 것에 불과하다. 더욱이 세상 사람들에게 전해져 유행할 때에는 넓고 좁고 또 오래되고 가까운 차이가 존재한다. 세상 사람들이 좋아하는 문장에 깊고 얕은 차이가 있고, 숭상하는 문장에도 가볍고 무거운 차이가 있기 때문이다.

　좋아하고 숭상하는 데 깊고 얕고, 무겁고 가벼운 차이가 있는 이유는 문장에 깃든 기운의 높고 낮음이 있고, 또한 문장에 담긴 뜻의 정확함과 조악함이 있기 때문이다.

　아름답고 화려한 문장은 글 공부와 글짓기를 하는 사람이라면 누구라도 흉내낼 수 있다.

　그러나 정확하고 세밀한 문장에 대해 말한다면, 학식과 견문이 통하고 한문과 문장 기예가 높은 경지에 이른 사람이 아니라면 아무나 할 수 없다. 또한 타고난 성품에서 우러나와 공평하고 공경하는 마음으로 취하고 버린 일들을 어찌 속일 수 있겠는가?

우리나라의 문장가들에 대해 말한다면 고봉 기대승만이 이런 문장을 지었다고 할 수 있다. 일찍이 기대승을 직접 본 사람들은, 그가 풍채와 몸가짐이 빼어나고 주장과 논리가 매우 탁월했다고 말한다. 조금 늦게 세상에 태어나는 바람에 미처 그를 직접 대면하지 못해 한탄스러울 뿐이다.

지금 일선부사로 있는 사문 조찬한은 기대승의 외손자다. 고봉 기대승에 관한 일을 자세하게 말해 주면서, 고봉이 퇴계 이황과 나눈 편지를 가져와서 보여 주었다. 그 긴 편지들을 살펴보니, 서로 질문하고 토론하는 사이사이에 각자 자신의 의견과 주장을 다해 반드시 올바른 결론을 내리려고 노력한 흔적이 담뿍 배어 있었다. 붓끝이나 놀려 희롱하면서 말재주나 구사하고 글 솜씨나 자랑하는 사람들과는 거리가 멀었다.

이황은 언제나 거두어 감추며 겸손하게 물러나 맑고 높은 절개로 스스로를 지켰고, 기대승은 항상 기운과 재주를 마음껏 펼쳐 솔직하게 자신의 논리와 주장을 보이며 엄격하고 정중한 의로움으로 스스로를 지켰다.

두 사람의 기상이 서로 맞지 않을 듯 보이는데도 성실하고 극진하게 믿음을 주어 의심하지 않으며 좋아했다. 더욱 서로가 싫어하지 않은 곳에 이르면 그 뜻이 더 친밀하고 정성스러웠다. 때로는 상대방을 억누르다가도 다시 상대를 추켜세워 주고, 때로는 상대방을 권유하다가도 경계하기도 했다.

짧거나 작은 편지에서조차 서로를 격려하고 붙들어 주며 채찍질했다. 그래서 퇴계는 고봉을 나무라고 타일러 바로잡아 주었을 뿐만 아니라 고봉에게 의지하여 얻은 유익 또한 많았다.

고봉은 말년에 세속의 인심에 따라 나아가거나 물러나지 않았으며, 문장은 법도에 맞고 무거우면서도 평이하고 우아한 맛이 있었다. 그것은 탁월한 재주와 아름다운 자질을 갖추고 있더라도 반드시 세상의 이치를 깨달은 사람에게 나아가 올바름을 얻은 다음에야 이룰 수 있는 문장이라고 할 수 있다.

장현광, 『고봉집』 '고봉집에 붙여高峯集序'

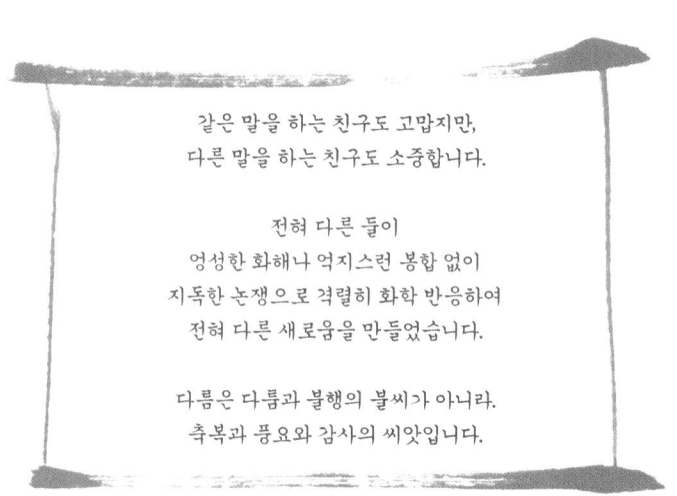

같은 말을 하는 친구도 고맙지만,
다른 말을 하는 친구도 소중합니다.

전혀 다른 둘이
엉성한 화해나 억지스런 봉합 없이
지독한 논쟁으로 격렬히 화학 반응하여
전혀 다른 새로움을 만들었습니다.

다름은 다툼과 불행의 불씨가 아니라,
축복과 풍요와 감사의 씨앗입니다.

글 짓는 어려움을 알았던 연암

_박지원 비평

명나라 이후 글을 짓는다고 하는 사람들에 대해 나는 알고 있다. 그들 가운데 선진先秦 시대의 문장을 한다고 떠드는 사람이 있는데, 가만히 살펴보면 글을 짓지는 못하고 고통스러워할 뿐이다.

사마천의 문장을 한다고 큰소리치는 사람이 있는데, 곰곰이 들여다보면 글을 짓지는 못하고 경망스러울 뿐이다.

또 어떤 사람은 한유의 문장을 한다고 말하는데, 천천히 살펴보면 글을 짓는 것이 아니라 우겨댈 뿐이다. 그리고 소식의 문장을 한다고 하는 사람은 가만히 들여다보면 황량할 뿐이다.

이런 사람들은 모두 옛 사람들이 남긴 문장의 기운이 융성한 것만 부러워한다. 그래서 그들과 같아지겠다고 평생 온 힘을 쏟아 붓고 있지만 보잘것없는 수준에서 멈추고 만다. 이로

써 글 짓는 일의 어려움을 알 수 있다.

그런데 연암 박지원은 선진 시대의 문장을 짓고자 하면 바로 그 문장이 나오고, 사마천의 문장을 지으려고 하면 또한 바로 사마천의 문장이 나왔다.

또 당송팔대가중국 당나라와 송나라 때 여덟 명의 뛰어난 문장가. 당의 한유·유종원과 송의 구양수·왕안석·증공·소순·소식·소철인 한유와 소식의 문장을 하고자 하면 바로 한유와 소식의 문장이 되어 나왔다. 문장이 웅장하며 크고 넓으면서도 넉넉하고 여유가 넘치며 한가로워, 천 년을 앞서 내려다보는 듯하다. 이전에 우리나라 문장가들에게서는 보지 못했던 빼어남이다.

중국 대륙의 장강과 황하의 물이 멀고도 긴 천 리 길을 내달리듯 힘차고 빠르게 흐르다가 큰 산 혹은 큰 섬에 한 번 부딪치게 되면, 물의 흐름이 반대로 꺾여서 소용돌이를 일으키며 하늘과 땅을 뒤흔든다.

이와 같은 현상이 어찌 일부러 만들어낸 것이겠는가? 자연스러운 형세일 뿐이다.

자연이란 이치라고 할 수 있다. 어떤 사람이 장강의 크고 힘찬 형세를 보고 마음속으로 부러워한 나머지, 개천이나 산골짜기 개울에 한 길 정도 되는 굽이진 길을 만들어 나뭇가지나 돌로 물결을 일으키며 장강에서 보았던 크고 힘찬 형세를 구하려 한다고 치자. 그렇게 될 수 있겠는가? 이치가 아님에도 기운을 북돋아 개천이나 산골짜기 개울에 일부러 물결을 일으키려고 하는 사람이 내가 앞서 비판했던 문장가들이라고 할 수 있고, 자연의 이치에서 기운을 구해 장강의 형세처럼 자연스럽게 문장을 이룬 사람은 연암 박지원이라고 할 수 있다.

어떤 사람은 "문장의 기운은 하늘과 땅의 기운이다. 하늘과 땅의 기운은 시대를 따라 내려오고 사람의 재주 또한 시대를 따라 내려올 뿐이다. 그런데 연암 박지원은 어떻게 일반 문장가들보다 뛰어날 수 있었을까?"라고 말했다. 이 말은 제법 그럴듯하게 들린다.

그러나 남송의 주염계주돈이는 성인공자의 도가 이미 사라지고 난 후에 '태극도설'을 저술했고, 당나라의 한유는 앞선 육조 시대의 아름답고 화려하게 치장만 한 문장을 뜯어 고쳐 고문古文으로 돌아갔다. 그러므로 시대의 경계를 뛰어넘는 호걸지사가 이따금 존재했다는 사실을 알 수 있다. 어찌 연암의 빼어남만을 의심할 수 있겠는가?

중국의 문장은 역사가 오래 되어서 명나라와 청나라에 이르러 이미 기운이 쇠퇴했다. 하지만 우리나라의 문장은 역사가 그만큼 되지 않아 연암 박지원이 살고 있던 시대에도 아직 기운이 약하고 완전하지 못했다.

이 두 가지 사실에 비추어 살펴본다면, 연암만 왜 유독 시대의 경계를 뛰어넘을 정도로 빼어난 문장 실력을 보여주었는가에 대한 해답을 찾을 수 있을 것이다.

중국 춘추전국시대 제나라의 이름 높은 장인이었던 윤편

씨조차 기술의 미묘한 점 때문에 자식을 제대로 가르칠 수 없다고 하였다. 이런 것을 보아도 말로써 사람들을 깨우치는 문장의 묘미야말로 참으로 익히기 어려운 것임을 알 수 있다.

연암은 이러한 글짓기의 어려움을 분명하게 알고 있었다. 이 때문에 평소 글을 지을 때 천 근짜리 쇠뇌 같은 강력한 무기를 가지고도 함부로 쏘지 않는 듯이 행동해, 경솔하게 욕심을 부려 많은 것을 탐내지 않았다. 그럼에도 오늘날 글을 짓는다고 하는 사람들은 연암이 버린 글들을 제멋대로 집어넣어 내용이 많다는 점을 자랑하는데, 이것은 그의 본뜻을 크게 해치는 짓이다.

그래서 나는 연암의 문장을 오래 전부터 추리고 다시 가려 뽑아 원집原集과 속집續集을 만든 다음 이 두 개를 하나로 합했고, 이제 다시 글을 추려서 7권으로 만들었다. 이는 글이 적을수록 더욱 귀해진다는 연암 박지원의 본뜻에 맞추기 위해서다.

김택영, 『여한십가문초』 '중편연암집에 붙여重編燕巖集序'

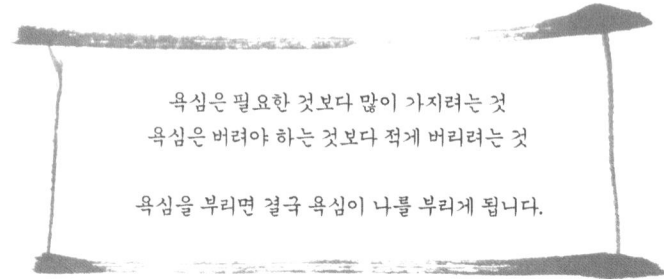

욕심은 필요한 것보다 많이 가지려는 것
욕심은 버려야 하는 것보다 적게 버리려는 것

욕심을 부리면 결국 욕심이 나를 부리게 됩니다.

성난 사자가 돌을 긁는 듯
_한석봉 비평

　우리나라의 서예는 고려 시대에 김생, 문공유, 설경수가 이름을 떨쳤고, 조선 시대에 들어서는 안평대군, 양사언, 한석봉, 청선당 이지정이 탁월한 기예를 갖추었다는 말을 들었다.
　『송도지』에서 한석봉에 대한 기록을 살펴보면 "한호는 자가 경홍이다. 정묘년에 진사에 합격했으며, 호는 석봉이다. 임진년에 조선에 온 명나라 장수 이여송, 마귀, 북해, 등계달 그리고 유구국의 양찬지 등이 모두 그 글씨를 구해 자기 나라로 돌아갔다."고 되어 있다.
　명나라의 대문장가 왕세정은 "동국에 한석봉이라는 사람이 있다. 그 서체가 마치 성낸 사자가 돌을 긁는 듯하다."고 했고, 주지번은 또한 "마땅히 왕희지, 안진경과 더불어 우열을 다툴 만한 솜씨다."라고 했다.

선조 임금은 한석봉이 한가한 곳에 머무르면서 서예를 익히도록 하기 위해, 특별히 가평군수에 임명했다. 그리고 "게으르게도 하지 말고, 너무 서두르지도 말며 또한 기운이 쇠약한 때는 글을 쓰지 말라."는 말씀을 내렸다. 또한 "붓이 조화를 빼앗았다."는 글을 하사하셨다. 한석봉은 63세 때 세상을 떠났다.

오늘날에도 한석봉체라고 하여 민간에서 크게 유행하고 있다. 하지만 사대부 집안의 사람들 중에는 그 서체를 공부한 사람이 많지 않다.

아들 한민정이 그의 학문을 이어받았는데, 한석봉의 기풍이 살아 있어 세상 사람들은 누구의 작품인지 잘 구별하지 못했다고 전한다.

서예는 작은 기예라고 하겠지만, 한번 얻은 명성은 쉽게 사라지지 않는다. 그러나 사람들은 세월이 오래 지나지 않았음에도 아주 먼 듯 제대로 알지 못한다. 재주를 천하게 여기는 나라의 풍속이 빚은 한 사례라고 할 수 있으므로 여기 채택하여 기록해 둔다.

이익, 「성호사설」 '한석봉韓石峰'

멀리 가려는 사람은
게으름을 피울 이유도, 욕심을 낼 이유도 없습니다.
게으르면 얼마 못 가고
서두르면 오래 못 가기 때문입니다.

항아리 덮개에나 쓸 글이라고
비난받을까봐 그만두겠는가

_장유 자평

    나는 상투를 틀면서부터 글을 지었는데, 이제 머리가 희끗희끗해졌다. 세상의 문인들은 나를 두고 혼자 잘나서 뻐기기를 좋아한다고 말한다. 그러나 나는 한 편의 작품을 완성할 때마다 사람들이 망령되게 평가라도 할라치면 곰곰이 옛사람들의 작품에 비추어 보고는 마음에 들지 않아 멍해지곤 한다. 그러므로 글이 잘 지어졌다고 스스로 자만하는 일은 본래 나의 뜻이 아니다.

    어렸을 때 지은 글은 장성해서 불살라 버려 남은 것이 없고, 중년에 들어 지은 잡고와 시문 약간은 직접 가려 뽑아 두었다. 그러다가 10년이 지나 문형文衡, 대제학에 있을 때 지은 문장이 또한 몇 배에 이르렀다. 그래서 글은 계유년인조 11년, 1633년 이전을 취하고, 시는 갑술년인조 12년, 1634년 이전을 취한 다음 예전의 원고들과 하나로 합쳐 분류해 보았다. 앞으로 계속 나올 글들은 속고續稿라고 해서 모아 놓을 작정이다.

집 안에 있는 못 쓰는 빗자루를 두고 천금의 값어치가 있다고 품고 있는 일은 정신을 못 차리는 어리석은 짓이다. 하지만, 항아리 덮개에나 쓸 글이라고 비난을 받을까봐 문집 만들기를 두려워하는 일 또한 학식과 견문을 갖춘 사람이 할 짓이 못 된다. 나를 알고 있는 사람들에게 꾸짖음이나 받지 않는다면 다행한 일이라고 여길 뿐이다.

장유, 『계곡집』 '초고에 스스로 붙인다草稿自敍'

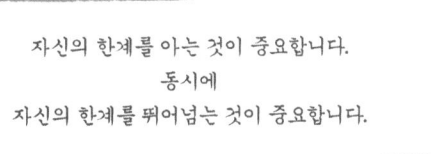

자신의 한계를 아는 것이 중요합니다.
동시에
자신의 한계를 뛰어넘는 것이 중요합니다.

행동이 논리만 못한 사람과
논리가 행동만 못한 사람

_ 문장가 비평

　문체는 번거로울수록 괜시리 길어져 읽기만 어렵고 또 간략하게 하면 궁색하고 막혀서 읽을 수 없다. 번거롭든지 간략하든지 간에 의식적으로 추구해서는 안 된다. 바람이 물 위를 지나가듯 자연스러워야 한다. 녹문 모곤은 소식의 글에 대해 "가야할 곳에서 가고, 멈추어야 하는 곳에서 멈추었다."고 했는데, 이것이야말로 훌륭한 말이다.

　문장은 억지로 꾸미려고 해서는 안 된다. 무늬란 바탕에서 생겨난다. 그래서 호랑이나 표범의 무늬는 개나 양의 무늬보다 화려할 수밖에 없고, 금과 옥의 무늬가 기와나 돌보다 더 빛날 수밖에 없다. 어찌 지혜의 힘을 빌려 억지로 구하려 한다고 구해지겠는가?

　삼연 김창흡의 시에 대해 평한다면, 요즘 들어 이런 품격의 시는 없었다. 중국 명문장가와 비교해도 전혀 뒤떨어지지 않는다. 그러나 동악 이안눌, 읍취헌 박은, 석주 권필, 눌재 양성지, 소재 노수신 등의 여러 문집보다는 못하다.

동악 이안눌의 시는 얼핏 보면 아무런 맛이 없다. 그러나 다시 보면 오히려 더 좋다. 비유하자면 샘물이 솟아나와 천 리를 흘러가는 것과 같다. 이렇게 보아도 저렇게 보아도 능히 하나의 문장을 이루고 있다.

읍취헌 박은은 신의 경지에 들어서, 음운이 맑은 격조를 띠어 사람이 높은 산에 올라 노니는 듯하다. 세상 사람들은 소식과 황정견에게 문장을 배웠다고 하지만 대부분 스스로 깨달은 것이다. 당나라와 송나라 시대의 격조를 거론할 필요도 없이, 시가의 절품絶品이라고 할 수 있다.

눌재 양성지는 맑고 고고하며 담백하다. 취향과 뜻이 스스로 끝이 없어서 읍취헌과 비교해도 뒤떨어지지 않는다.

석주 권필은 웅장하지 않아 막힌 듯하지만 부드러운 맛이 있어서 가끔 절묘하게 깨우치는 구석이 있다. 비록 당나라 시대 문장이 전성기를 누릴 때의 수준에는 미치지 못하지만 당나라 시대 수준에 오르지 못했다고 하면 지나치게 깎아내린 것이다.

소재 노수신은 19년간 귀양살이를 하면서 노자와 장자의 서책을 많이 읽어 많은 깨우침을 얻었다. 그래서 그 시의 음운이 넓고, 격조는 웅장하다. 옛 사람이 말한 '황야가 천 리에 걸쳐 있는 형세'는 소재 노수신을 잘 평가한 말이다. 그러나 그 핵심은 유학의 맛을 잃지 않았다. 평생토록 공부한 학문의 힘은 역시 속이기 어렵다.

학문에 뛰어난 인재는 행동이 말보다 못하고, 한 나라를 다스리는 재상은 말이 행동보다 못하다. 그러나 보한재 신숙주와 같은 사람은 말과 행동 모두 능숙하게 잘했다. 널리 보고 두루 경험한 재주로 나라를 다스리고 백성을 구제하는 문장을 드러냈다. 나랏일을 깊게 운용하고 막힘없이 처리해 정치의 도구를 마련했기 때문에 그 문장은 넓으면서도 잡스럽지 않았고, 분별하면서도 거짓이 없었다. 평생토록 붓을 잡고 문필에 종사하면서도 쩔쩔매며 마음 쓰지 않아야 할 곳에나 힘을 쏟는 문장가들과는 근본이 달랐다. 나라의 옛 전례에 뜻을 두고 있는 사람이라면 반드시 읽어 보아야 한다.

사가 서거정은 여섯 살 때 능숙하게 시를 지었다. 그는 20년이나 문형을 지냈다. 생전에 문집을 간행해 세상에 드러낸 사람은 서거정과 강희맹 두 사람뿐이다. 서거정 때문에 우리나라 문장의 권위가 무게를 갖추게 되었다. 그의 문장은 질박함이 흩어지지 않아 만물의 원기가 가득 찬 듯했다. 요즘처럼 문장을 다듬고 꾸미는 풍속과는 거리가 멀었다. 더구나 수많은 책들을 두루 읽어 고사에 아주 밝았다. 이 때문에 세상 사람들에게 존경을 받아 우리나라 문장을 이끄는 데 아무런 부끄러움이 없었다.

간이 최립의 문장은 낮은 곳은 지나치게 낮고, 높은 곳은 지나치게 높다. 그러나 우리나라의 문장들 중 고문古文에 가장 가깝다. 인재는 출신의 귀하고 천함에 차별을 두지 않는 법이다. 홍세태 역시 민가의 비천한 출신인데, 시로써 크게 이름을 알려 농암 김창협이나 삼연 김창흡에게 칭송을 들었다. 심지어 당시 사람들은 홍세태의 문장을 최립의 문장과 비교하기까지 했다. 이것은 최립의 시가 문장만 못했기 때문이다. 그러니 최립의 시를 누가 당해낼 수 있겠는가?

임진왜란이 끝나고 명나라의 제독 이여송이 다시 중국으로 돌아갈 때, 글깨나 한다는 선비들이 각자 이별하는 시를 지었다. 권필은 간략하게 다음과 같은 시를 지었다.

"이별의 말 마음속에 맴돌아, 헤어짐의 술잔 손에 들고 천천히 마시네."

그러나 이여송은 아무 말도 하지 않고 가만히 있었다. 가장 나중에 최립이 "하주에서 위엄을 일으키니 요동이 다스려지고, 평양에서 큰 승리를 거두니 한양의 적군이 사라졌네."라는 시를 짓자, 그 자리에 같이 있던 사람들이 모두 붓을 내려놓았다. 홍세태는 권필보다 몇 단계나 수준이 낮다. 하물며 최립에 비할 수 있겠는가?

이정구의 문집인 『월사집』은 '숙률지문菽栗之文, 까다롭지 않고 쉬운 문장'과 관각체홍문관, 예문관, 규장각의 관리들이 주로 쓰던 문체로 글과 이치가 모두 훌륭했다. 붓끝에 혀가 있어서 하고자 하는 말은 남김없이 드러냈고, 표현하기 어려운 말 또한 모두 표현했다.

  상촌 신흠의 문장은 대가의 수준이라고 할 만하다. 수리학을 아울러 갖춰 정확하고 심오한 수준에 올랐는데, 이 또한 다른 문장가들이 따라올 수 없었다.

정조대왕, 「홍재전서」 '일득록日得錄'

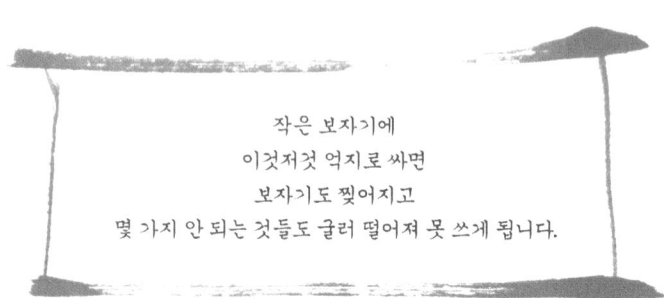

작은 보자기에
이것저것 억지로 싸면
보자기도 찢어지고
몇 가지 안 되는 것들도 굴러 떨어져 못 쓰게 됩니다.

세상 사람들이 꺼린 백사의 만인시
_ 이항복 비평

   선조 임금 때 정여립의 반역 사건으로 일어난 기축옥사에서 우의정 정언신은 조정에서 곤장을 맞고 갑산으로 유배되었다. 그때 그의 아들 정율은 식음을 전폐한 끝에 피를 토하고 죽었다. 당시 사람들은 모두 자칫 반역죄에 연루될까봐 두려워했고, 심지어 집안 사람들조차 장례를 치를 엄두를 내지 못했다.

   백사 이항복은 문사랑반란과 모반을 저지른 대역 죄인의 취조서를 작성하여 읽어 주는 벼슬의 자리에 있었기 때문에, 정언신 부자의 원통함을 알고서 시 한 수를 지어 몰래 정율의 관 속에 넣어 두었다. 이것은 집안 사람들도 전혀 모르는 일이었다. 그러다가 정율의 아들이 장성해서 무덤을 옮기게 되었는데 관을 열어 보니 30여 년의 세월이 흘렀는데도 종이와 먹빛이 그대로 남아 있었다. 백사 이항복이 지은 시는 이렇다.

> 입이 있으면서도 감히 말하지 못하고
> 눈물이 흘러내리는데도 감히 울지 못하네.
> 베개를 어루만지면서도 남이 볼까봐 두려워하고
> 소리를 삼키며 몰래 눈물만 훌쩍이네.
> 그 누가 장차 날선 칼날로
> 굽이굽이 맺힌 내 마음의 고통 잘라내어 줄까.

이 시를 들은 사람치고 코끝이 시큰해져 눈물 흘리지 않는 자가 없었다.

백사의 시는 처음 '본집本集' 속에 실려 있었다. 그러나 최근에 간행한 '문집'에는 삭제되어 있다. 또한 그 시가 남아 있는 예전의 본집 또한 세상 사람들이 크게 꺼리고 두려워 피하게 되었다. 나는 광주廣州에 사는 송가宋家의 집에 본집이 있다는 말을 듣고, 사람을 시켜 기록했다. 세상사에는 이러한 종류의 일들이 허다하다.

이익, 『성호사설』 '백사의 만인시白沙挽人詩'

원통한 일이 허다합니다.
원통한 일을 당해도
모른 척하는 일이 허다합니다.
원통한 일을 당해도
모른 척하는 일을 모른 척 하는 일이 허다합니다.
세상에는 이러한 일들이 허다합니다.

퇴계가 시를 잘 짓지 못했다?
_ 이황 비평

    퇴계 이황은 시를 짓는 것을 좋아했다. 그런데 지금 그의 문집 속에 있는 시들을 보고서, 많은 사람들이 시의 체재가 서투르다고 생각한다. 선조 임금 시대의 문인인 송계 권응인이 "선생은 시를 공들여 짓지는 않았지만 초서는 다른 사람보다 뛰어났다."고 했는데, 이것은 퇴계가 시를 짓지 않았을망정 능숙하지 못한 것이 아님을 알지 못해 나온 말이다.

    옛날 한유가 번소술의 묘지명을 짓고, 사마천이 사마장경의 전기를 지었는데, 모두 그 사람과 똑같았다. 옛 사람들은 시나 문장을 지을 때 반드시 마음으로 기준을 정하고 뜻으로 상상하여 정신과 마주친 다음에야 비로소 붓을 들었다. 그래서 어떤 사람을 그리려고 마음먹으면 반드시 그 사람과 똑같이 행동하는 듯했다. 문장의 본보기도 이와 다르지 않다.

퇴계가 금호 임형수에게 준 율시를 살펴보자.

나아가고 물러나는 기묘한 꾀를 지닌 한나라 자방은
일찍이 황성공의 병법을 물려받았네.
미처 오랑캐 왕궁을 쓸어내기 전에
먼저 접해우리나라의 다른 이름의 장성을 만들었구나.
변방의 병폐와 공격은 하늘의 분란이니
황폐한 성터의 우레 소리 귀신도 놀라 달아나네.
능숙하게 읊은 백 편의 시는 구름을 헤치고 나갈 듯한 기상이고
기묘한 글귀 돌과 쇠 같은 심장에 방해가 되겠는가.
요동의 변방에서 미쳐 날뛰는 오랑캐가 달을 쏘고
낙랑의 폐허에서는 장사가 병졸을 찾고 있네.
위엄어린 신령은 호랑이와 표범을 몰아내고
풍류에 젖은 담소는 시와 서로 드러나네.
배를 타고 바다로 나가다 병을 얻자 용양이 약 주고
강각의 읊은 시는 제자帝子의 기거함을 엿보네.
기운을 내어 일을 시작해 공명功名이 연함으로 되돌아오니
태평세월을 꾸미며, 나는 나무하고 고기 잡으며 늙어가리.

글귀마다 나는 듯 살아 움직이는 듯하며 크고 밝고 상쾌하여 높은 산의 날카로운 봉우리에 앉아 드넓은 들판을 내려다보는 독수리의 기세도 이보다는 못할 것이다. 금호 임형수가

평생토록 풍부하게 읊은 시도 반드시 여기에 미치지 못할 것이다. 상대방이 임형수가 아니었다면 퇴계 역시 끝내 시의 날카로움을 드러내지는 않았을 것이다.

이번에는 '탁영담의 뱃놀이'라는 제목의 시를 살펴보자.

> 물 속의 달은 아득하니 밤기운 맑은데
> 조각배 바람 따라 강을 거스르네.
> 표주박 속의 하얀 술은 은 술잔을 번득이고
> 계수나무 노에 흐르는 빛은 옥횡을 끄는구나.
> 채석강의 농월은 뜻을 얻지 못했고
> 낙성의 점롱은 정이 가장 끌리는구나.
> 모르겠구나, 백 년 지나 통천한 후에
> 누가 다시 이어받아 바른 말을 전할지.

이 시야말로 의리의 참다운 모습이다. 먹줄과 자루의 도움을 받지 않고도 쟁그랑거려 외울 만하다. 살랑살랑 부는 바람이 물을 만나 물결을 일으키듯 혹은 영양이 잠잘 때 나뭇가지에 뿔을 걸어 위험을 막는 것처럼 흔적이 없으니, 시문의 시시비비에 자리한들 무엇이 문제겠는가? 최근 들어 사간 홍여하가 퇴계의 시를 쉽게 이해할 수 있도록 주석을 달았는데, 또한 매우 좋다고 평가했다.

이익, 『성호사설』 '퇴계 선생의 시退溪先生詩'

빨리하면 성급하다 하고
찬찬히 하면 나태하다 하고
둘 다 하면 과욕이라 하고
하나만 하면 편협하다 합니다.
어느 장단에 맞출지 멀미가 납니다.

속마음을 감추고 익살스러운 말과 기괴한 행동을 보인 이지함

_ 이지함 비평

　우리나라에 기이하면서도 매우 뛰어난 높은 선비가 있다. 사람들은 그를 토정 선생이라고 부른다. 나는 어렸을 때부터 그분에 관한 풍문을 듣고 사모하는 마음이 있었다. 그러나 토정 선생의 말과 글의 한 자락도 어떻게 구해 볼 길이 없어서, 항상 애석하게 생각했다.
　그러던 중에 토정 선생이 포천과 아산의 현감으로 재직할 때 임금에게 올린 상소문을 읽어 보았는데, 진실로 어질고 올바름이 담긴 말이었다. 임금에 대한 사랑과 백성에 대한 염려가 지극한 정성으로 측은하게 여기는 마음에서 나와, 대책과 계획을 세우는 데 한결같이 옛날 주나라의 성군이었던 문왕이 백성을 다스리던 규모와 같았다. 토정 선생의 말이 당대에

나라의 정책으로 쓰였다면, 어찌 지금의 다스림이 옛 태평성대만 못하다고 걱정했겠는가?

옛날 율곡 이이는 토정 선생을 '기화이초奇花異草, 기이하고 희귀한 꽃과 풀'에 비유했다. 그래서 나는 일찍부터 토정 선생은 인격과 성품은 고상하지만, 실용적이지 못한 것이 아닌가 하고 생각했다. 그러나 지금에 와서 보니 반드시 그렇지만은 않는 듯하다. 선생께서는 깊숙이 자신을 감추고 일부러 익살스러운 말과 기괴한 행동을 보여, 다른 사람들이 그 깊은 속마음을 알아채지 못하도록 한 것이라고 생각할 수 있다.

선생이 활동하던 당시를 되돌려 생각해 보면, 대체로 허자와 이기와 같은 사람들이 사림의 인사들을 마구 핍박하고 죽인 직후여서, 혹 검소한 행실과 덕으로 재앙을 피하려는 뜻에서 이처럼 행동한 것이 아닌가 싶다.

선생의 저술 중 집에 남아 있는 초고는 없다. 전해 듣고 얻은 글이 조금이지만, 글자마다 모두 후학들의 잘못을 가르쳐 깨우치는 글이었다. 선생의 아름다운 말과 선한 행동이 세상에 모두 전해지지 못한 것이 애석할 뿐이다.

장령 이정익과 정언 이정억과 감사 조세환은 모두 선생의 친손자거나 외손자다. 그들이 우암 송시열에게 발문을 얻은 다음 또 서문을 부탁했지만, 때마침 기사년의 화를 만나 서문을 받지 못했다. 그래서 지금 내게 다시 부탁해, 서툰 솜씨지만 오래 전부터 간직해 온 선생에 대한 사모하는 마음을 담아

끝 부분에나마 감개의 뜻을 적는다.

권상하, 『한수재집』 '토정집의 끝 부분에 붙여土亭集跋'

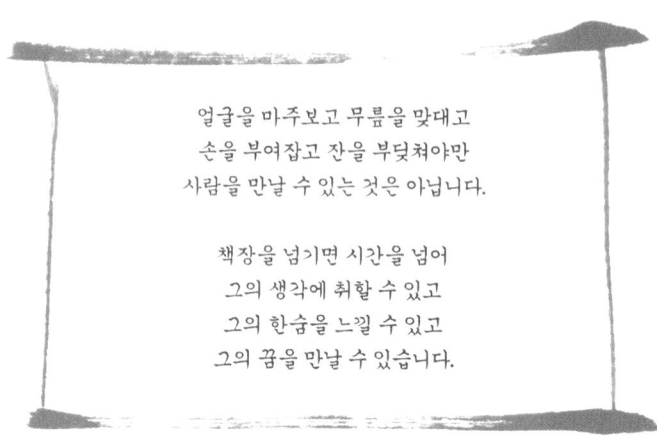

얼굴을 마주보고 무릎을 맞대고
손을 부여잡고 잔을 부딪쳐야만
사람을 만날 수 있는 것은 아닙니다.

책장을 넘기면 시간을 넘어
그의 생각에 취할 수 있고
그의 한숨을 느낄 수 있고
그의 꿈을 만날 수 있습니다.

왼손으로 네모를 그리면서
오른손으로 동그라미를 그릴 수는 없다
_ 이수광 비평

　지봉 이수광은 조용한 성품과 편안하고 고요한 자세로 『도덕경』에서 말하는 '수중守中, 말을 많이 하다 보면 궁색해지므로 중中을 지키는 것만 못하다'을 견지하면서, 고전을 연구하셨다. 평소 여러 가지 이유를 들어 찾아오는 온갖 손님들을 끊으셨고, 손님들 또한 예물을 지니고 찾아와 얼굴을 드미는 경우가 적었다. 나도 외롭고 누추한 신세로 뒤늦게 나아가 다행스럽게도 한두 번 지봉을 만나는 영광을 누렸지만, 의문 나는 것을 여쭙고 가르침을 받으면서도 문장의 오묘함에 대해서는 탐구해 보지 못했다.
　그러던 중 무진년인조 6년, 1628년에 도성으로 들어가 요행히 다시 벼슬에 올라 의문 나는 점을 여쭐 수 있는 기회를 얻게 되었다. 그때 비로소 지봉이 논술한 『유설지봉유설』 10책을 내게 보여 주셨고, 그 책의 끝 부분에 덧붙이는 글을 지어 보라고 말씀하셨다. 그래서 나는 받들어 그렇게 하겠다고 말씀드리고 물러 나왔는데, 글을 채 짓기도 전에 갑자기 지봉께서 세상을 떠나고 마셨다. 참으로 슬프구나!

그런데 이번에 지봉의 두 자손이 초본 몇 권을 간행하면서, 예전에 지봉이 『유설』과 관련해 내게 말씀하신 글을 다시 청했다. 나는 이미 둔하고 어리석어 끝내지 못해, 지봉께서 열심히 가르침을 베풀어 주신 뜻을 좇지 못할까 걱정하고 있었다. 그리고 지봉의 문집에 한 마디 말이라도 보태 가르침의 은혜를 잊지 않아야 했다. 그러나 여러 훌륭한 사람들이 쓴 서문이나 인문引文을 모두 갖추어 놓았는데, 내가 또 말을 보태려고 하니 걱정스럽기만 하다.

그러나 돌이켜 보면, 사람의 재주가 아무리 뛰어나다고 해도 왼손으로 네모를 그리면서 오른손으로 동그라미를 그릴 수는 없는 일이다. 과거와 현재의 여러 문장가들을 보더라도 그러하다. 수많은 문체를 두루 갖춘 사람이 많았지만 긴 문장을 잘 짓는 사람이 간혹 시를 지으면 산문과 비슷하게 되고, 오로지 시에 힘을 쏟는 사람이 긴 문장을 지으면 또한 시와 비슷하게 되곤 했다. 따라서 산문과 시문을 모두 잘하는 것이야말로 어려운 일이다.

그런데 지봉은 이미 쌓아 놓은 학문이 풍부하고 문체 또한 모두 갖추어 울창하게 한 시대의 대가로 남을 수 있었다. 시는 간략하면서도 예스럽고 더할 수 없이 맑아 당나라의 전성시대를 마음대로 드나들었다. 시편이 많이 쌓여도 끝내 격조를 잃지 않았으니, 옛 문장가들에게서조차 보기 힘든 일이었다. 고요한 자세로 연구에 몰두한 결과가 아니겠는가? 훗날 이 문집을 읽는 사람이 내가 지금 한 말을 근거 삼아 찾는다면, 이 또한 하나의 모범으로 삼는 데 도움이 될 것이다.

이식, 『택당집』 '지봉집의 끝 부분에 붙여芝峯集跋'

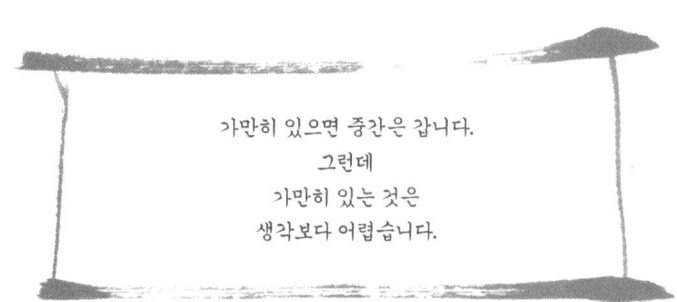

가만히 있으면 중간은 갑니다.
그런데
가만히 있는 것은
생각보다 어렵습니다.

문장의 차이는 세상과 더불어 오르내리는 기운에 따라 다르다

너무 많아 넘치거나 지나치게 간략한 것 모두 잘못이다

나라를 빛낸 가문, 평강 채씨 평강

천자문은 어린 아이들이 배우기에 적당하지 않다

잡스럽고 천박한 글이라도 반드시 얻을 것이 있다

귀신의 안목을 갖춘 비평가

비교할 만한 문인이 드물다

인간의 경지를 넘어선 묵란화

글의 좋고 나쁨은 말을 잘 꾸미는 데 있지 않다

비천한 백성의 노래가 사대부의 시보다 훌륭하다

기이하고 신비스러운 이야기나 소설이 존재하는 이유

문장에 자연의 이치를 담은 목은 이색

조선의 학문적 뿌리, 포은 정몽주

박지원이 중국에서 태어났더라면

나는 시를 잘 짓지 못한다. 다만 시가 지닌 뜻을 조금 해석할 줄 알 뿐이다. 시의 좋고 나쁨을 평할 때, 그 시가 담고 있는 의미와 취지에 대해 말해야지 말을 잘 꾸미는 데서 찾지 말아야 한다. 비유하자면, 대갱大羹, 제사 때 쓰는 간을 하지 않은 고깃국과 현주玄酒, 제사 때 술 대신 쓰는 맑은 물처럼 아무런 맛이 없으면서도 지극한 맛을 내는 것과 같다. 한번에 다섯 가지 맛을 내면 사람의 입에 가장 큰 즐거움을 주겠지만, 결국에는 어느 한 가지 맛이 다른 맛들을 이기게 마련이다.

문장의 차이는 세상과 더불어
오르내리는 기운에 따라 다르다
_ 장유 비평

 통일신라 이후에 중국으로 건너가서 공부한 사람이 매우 많았다. 그러나 그 중에 고운 최치운만이 세상에 문명文名을 널리 알렸다.

 고려 시대에는 목은 이색이 뒤늦게 이름을 떨치게 되었는데, 그의 깊고 넓은 학문과 문장은 비교할 만한 사람이 아무도 없었다.

 이와 같은 일들로 살펴본다면, 문장으로 자신의 기예를 드러내 보이는 것이야말로 정말 어렵다는 사실을 알 수 있다.

 조선 시대에 들어와서는 문장의 기운이 예전에 비해 훨씬 크게 일어났고, 또한 문장을 일로 삼은 선비들도 손가락으로 다 셀 수 없을 정도로 많아졌다.

 그러나 그동안 문장으로 대가大家를 이룬 사람은 자못 찾아보기가 힘들었다.

  성종 임금 때는 점필재 김종직이 홀로 거닐었고, 선조 임금 때에는 간이 최립이 높은 문장의 경지에 올랐다. 유림儒林의 기대를 짊어진 현헌 신흠과 문단의 명성을 거머쥔 월사 이정귀는 홍문관과 예문관에 있을 때 지은 작품들이 모두 아름다웠다.

  이때 계곡 장유가 또한 뒤늦게나마 세상에 모습을 드러내 글을 지었는데, 겨룰 만한 사람이 없을 정도로 뛰어났다.

  나는 일찍이 계곡 장유를 목은 이색과 비교해 말한 적이 있다. 문장의 규모는 목은만 못하지만 정확하고 치밀한 점은 계곡이 더 뛰어났다.

  또 문장의 멋은 목은에 약간 뒤떨어지지만 이치를 밝히는 데 이르러서는 계곡이 더 나았다. 그러나 이러한 차이는 세상과 더불어 오르내리는 기운이 다르기 때문에 나타난 것이다.

  옛날 양나라의 소명태자는 "도연명의 '백옥白玉' 같은 작품에 나타나는 작은 결함은 단지 한가롭고 멋스러운 마음에서 나온 한 구실일 뿐이다."라고 했다.

  이 말은 음미해 볼 만하다. 그런데 지금 계곡을 나무라는 사람들은 왜 그토록 심하단 말인가? 개탄스러운 마음을 금할 수 없다.

김상헌,『계곡집』'계곡집에 붙여谿谷集序'

백 장의 습작이 있은 후에 작품 하나가 나오고
천 편의 작품이 있은 후에 걸작 하나가 나옵니다.
걸작이 못 된 나머지는 맡은 바 소임을 다했을 뿐입니다.

너무 많아 넘치거나
지나치게 간략한 것 모두 잘못이다
_ 명문장집 비평

　중국 진나라의 지우라는 사람이 문장을 종류별로 저술했는데, 이후 그것을 근본으로 삼아 서술한 사람이 무려 70여 명이나 되었다. 책의 분량이 엄청나게 많아 수레가 실어서 운반하면 소가 땀을 뻘뻘 흘리고, 차곡차곡 쌓아올리면 들보에 닿을 정도였다. 그러나 오래 지나지 않아 서책들이 모두 흩어졌고, 등잔불에 타거나 책상을 닦고 내팽개쳐졌다. 그나마 남은 부분도 비바람이 몰아치는 창과 벽 속에서 좀이 슬고 쥐가 씹어 사라져 버렸다. 이제 와서 그나마 다 떨어져 나간 종이쪽지라도 구하려고 했지만 얻을 방법이 없다. 맨 처음에는 온갖 노력을 다 쏟아 두루 모아 엮고 널리 채택해 천만 년이 흘러도 사라지지 않을 책을 만들었을 텐데, 끝내 이 지경에 이른 이유가 도대체 무엇이란 말인가?

글을 모으는 지식인들이 번거로울 정도로 책을 수집하는 데 많은 힘을 쏟거나 간략하다고 지나치는 일, 또는 옥과 돌을 뒤섞어 놓고 분별하지 못하는 것은 마구잡이로 모으는 잘못에서 왔다. 보배를 구하려고 하면서 진주를 버리고, 말을 고르려고 하면서 천리마를 빼놓는 일은 간략함에서 오는 잘못이다. 서책이 완성되었다고 해도 세상에서 중요하게 여기지 않으면 항아리 덮개 신세를 모면한 것만도 다행스러운 일인데, 하물며 오랫동안 세상에 전해지기를 어찌 바랄 수 있겠는가? 우주의 정기와 영기가 사람에게 모여 문장이 될 때, 마치 보검인 풍성의 칼과 보배인 고우의 구슬처럼 찬란하게 빛을 발하면 영원히 썩지 않고 전해질 것이다.

저 70여 명의 수집가가 모은 책이 제아무리 풍부하다고 할지라도 어떻게 썩지 않을 문자가 없겠는가? 그러나 마침내 문자와 더불어 책까지 사라지고 말았으니, 탄식할 만한 일이다. 유독 지금까지 전해져 오는 책이라고는 소통의 『문선』, 요현의 『문수』, 여조겸의 『문감』이 있을 뿐이다. 그러나 이릉의 편지는 말과 글귀가 천박해 서한 시대의 글이라고 하기 어려운데도 소통은 『문선』에 실었고, 장등이 지은 삼부三賦는 크게 명성을 떨쳤는데도 요현은 『문수』에 실지 않았다. 이 때문에 여조겸이 편집한 『문감』이 앞선 두 책보다 더 낫다고 할 수 있다. 옛 선비들은 지나쳐 넘치는 것을 병폐로 여겼기 때문에, 천백 년의 세월이 흐르는 동안에 널리 퍼져 유행한 글이 여기에 그쳤다. 그럼에도 그 잘못 실은 것이 이와 같으니, 명문장을 정해 모으는 일은 진실로 어렵다고 하겠다.

우리나라의 문장은 신라에서 시작되어 고려 시대에 융성했고, 조선에 이르러 최고의 경지에 도달했다. 지난날 집현전의 여러 학자들이 우리나라 문장의 규범이 될 만한 글을 뽑아서 『동방문수東方文粹』 몇 권을 만들었다. 이 책은 오랫동안 비각에 간직되어 있었는데, 점필재 김종직이 보고는 좋다고 여겼다. 그러나 그 중에도 문장의 병폐가 없지 않아 약간 보태거나 삭제하고 또한 근래의 작품을 넣기도 했다.

문장이란 이치와 논리로 주장을 삼는다. 이치와 논리를 무시하고 문자로 꾸미는 하잘것없는 기예에만 매달려 아로새기고 수놓아 장식하는 것을 솜씨로 삼고, 기이하고 험하고 어려운 것을 귀하게 여기는 것은 모두 취하지 않아야 하고, 시대정신에 절실하고 의로움과 이치에 밝은 문장만을 취해야 한다.

이 책 『동방문수』는 글을 취하고 버리는 데 공정성을 유지했고, 너무 많아 넘치거나 지나치게 간략하지 않게 중용을 기했다. 따라서 영원히 후세 사람들에게 전할 만한 책이라고 할 수 있다.

옛날 주 익공이 『문감』의 서문을 썼는데, 여조겸은 한 번 읽고 본 다음 잘 보관하라고만 했다. 그 이유는 서문이 자신의 뜻과 맞지 않았기 때문이었다. 익공과 같은 한림의 대문장가가 지은 글도 다른 사람의 뜻을 맞추지 못했는데, 하물며 나처럼 천박한 사람이야 말해 무엇하겠는가? 그러나 엄명을 받고 어찌할 수 없어 이렇게 책의 끝 부분에 두어 마디 붙여둔다. 한 번 읽어본 다음에 잘 보관하라고 하지 않을까, 염려하는 마음 금할 수 없다.

신종호, 『속동문선』 '동문수 간행에 붙여東文粹跋'

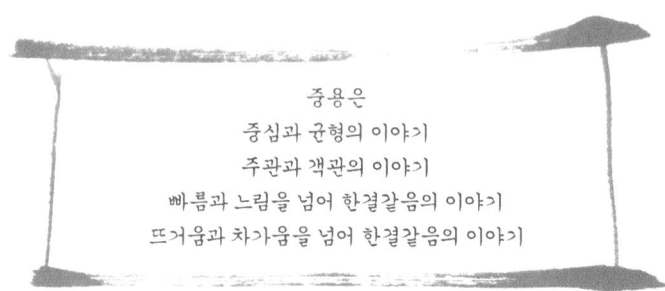

중용은
중심과 균형의 이야기
주관과 객관의 이야기
빠름과 느림을 넘어 한결같음의 이야기
뜨거움과 차가움을 넘어 한결같음의 이야기

나라를 빛낸 가문, 평강 채씨

_ 평강 채씨 비평

　하늘과 땅의 맑고 깨끗하며 세밀하고 빼어난 기운이 사람을 만나, 마음에 깊이 쌓이면 근본을 두텁게 하는 실질이 되고, 드러내면 나라를 빛내는 문장이 된다.
　그러나 하늘과 땅의 기운과 사람의 그런 만남은 자주 일어나지 않는다. 수백 년 동안 수천 리에 걸쳐서 겨우 두서너 사람이 나온다고 해도, 사람들은 그 수가 적다고 하지 않는다. 또한 한 집안의 형제들이 그와 같은 만남을 모두 독차지한다고 해도, 사람들은 그 수가 많다고 여기지 않는다. 대체로 그 근본이 있기 때문이다.
　평강 채씨 가문은 대대로 화려한 명성을 누렸다. 특히 문혜공과 그의 동생 현감공에 와서는 그 문벌을 더욱 크게 넓혔다. 이때부터 다시 두 번을 전해 오시재 채명윤과 희암 채팽윤에 이르러서는 이름과 행실을 갈고 닦고 경전과 역사서를 널리 통달해, 인품이나 문장에서 모두 뛰어났다. 이들 형제도 누가 더 뛰어났는가를 가리기 힘들었는데, 다시 구봉공九峯公이 두 사람 사이에서 꽃다운 빛을 드러냈다. 그래서 위로는 형에게 부끄럽지 않았고, 아래로는 아우에게 부끄럽지 않았다. 이 얼마나 아름다운 모습인가?

 구봉공은 본래 글 짓는 것을 좋아하지 않았다. 가끔씩 글을 짓더라도 다시 다듬고 꾸미는 일을 하지 않았으며 또한 초고 역시 남기지 않았다.

 그런데 그나마 자손들이 모아 간직한 것조차 불이 나 잃어버리는 바람에, 그 말과 행동이 크게 드러나지 못했다. 지금 6세 후손인 진묵이 구봉공의 시문들을 널리 모으고 두루 수집해 한 권의 책으로 만들었다. 그리고 내가 공의 외손이 된다고, 그 책의 서문을 청하여 조심스럽게 받아 읽어본 후 이렇게 쓴다.

 "샘이 깊은 물은 멀리 흐르고, 뿌리가 튼튼한 나무는 가지가 무성하기 마련이다. 문혜공이 문단을 주도하는 맹주가 되고, 현감공이 그 맑은 뜻을 힘써 지킨 일에 대해 후손들은 모두 한결같이 머리를 치켜들고 우러러보며 그리워한다. 하물며 그분들의 자손된 자들은 혈맥이 흘러 통하고 또 보고 들은 것이 눈과 귀에 젖어 있다. 그분들과의 만남 역시 다른 사람들과 달라 맑고 깨끗하며 세밀하고 빼어난 기운을 얻었다. 문장과 실질을 이루기 쉬운 것 또한 집안을 다스려온 내력이다.

옥이란 매우 드물어 사람들이 귀하게 여기는 보배다. 그런데 지금 어떤 사람이 연장을 들고 매일같이 주변 산줄기를 타고 오르내리며 옥을 찾아낸다고 치자. 그 사람은 10년이 지나도 단 하나의 옥도 얻지 못할 것이다. 그러나 옥의 산지인 저 곤륜산 기슭에 사는 사람들은 돌팔매질조차 옥돌로 한다. 여기서는 적다고 여기지만 저기에서는 많다고 여기는 것이 전혀 이상한 것이 아니다. 근본이 없고서야 어찌 이렇게 될 수 있겠는가?

구봉공이 살던 시대를 돌이켜 보면, 그보다 나이가 많은 사람으로 스승을 삼을 만한 분은 채명윤이라 할 수 있고, 그보다 나이가 적은 사람으로 벗을 삼을 만한 분은 희암 채팽윤이라 할 수 있다.

식량과 여비를 마련하고 책상자를 짊어진 채 온 세상을 두루 돌아다니며 찾는다고 해도 얻지 못할 스승과 벗을 바로 집 담장 안에서 얻어, 서로 더불어 격려하고 채찍질하며 갈고 닦았으니, 어떻게 학문과 시문이 훌륭해지지 않을 수 있겠는가?

구봉공에게는 두 명의 아우가 더 있었는데, 이들 역시 모두 글을 잘했다. 여기에서도 이런 사실을 증명할 수 있는 것이다. 그러나 이 세상에서 형제로 만나 서로 스승과 벗의 즐거움을 나눌 수 있는 경우가 또한 몇이나 되겠는가?

간혹 구봉공의 말과 행동이 세상에 크게 드러나지 못했다고 애석해하는 사람도 있다. 그러나 이 역시 구봉공에게 아무런 보탬이나 손해도 되지 않는다. 그리고 그 손자인 번암 채제공이 문학과 충성 그리고 의로움이 뛰어나 한 나라를 다스리는 정승을 지내고 영원히 추앙받고 계시니, 구봉공이 세상의 칭찬을 자신에게 돌리지 않고 후손들에게 남겨 주신 덕분이라고 할 수 있다. 그러므로 구봉공에 대해 애석해하는 사람들도 이제부터는 의문을 해소할 수 있을 듯싶다."

구봉공께서는 일찍이 시를 지어 나의 5대조이신 귀호공에게 보내셨다. 곧 성리학의 시조인 주희가 외손자에게 사자 그림을 보낸 뜻과 같았다.

그러나 현재 이 시는 전하지 않고, 한 부분만이 사람들의 입에서 입으로 전해지고 있을 뿐이다. 그곳에서는 "벼슬은 이미 강좌의 벌열동진을 일으켜 세워 부귀영화를 누린 왕도와 사안의 벌열 가문을 밀어내고, 문장은 일찍이 건안의 울타리위나라 문제 시대의 유명한 문장가인 건안7재자建安七才子를 넘어섰네."라고 하셨다.

이남규, 『수당집』 '구봉집에 붙여九峯集序'

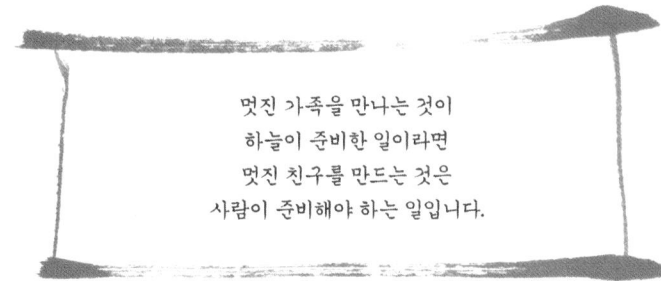

멋진 가족을 만나는 것이
하늘이 준비한 일이라면
멋진 친구를 만드는 것은
사람이 준비해야 하는 일입니다.

천자문은 어린 아이들이 배우기에
적당하지 않다

_『천자문』비평

　문자가 탄생한 이유는 온갖 사물을 분류하기 위해서라고 할 수 있다. 사물을 모양으로 나누거나 이치로 나누면 반드시 그 분류를 미루어 두루 통달하게 된다. 그 분류와 각각의 차이점을 알고 또 그 뜻과 이치를 깊이 힘써 연구한 다음에야 문장의 핵심과 슬기로운 자질이 열려 드러나게 된다. 이런 이유로 옛날에는 어린 아이가 글을 배울 때 반드시 육서六書, 지사·상형·회의·형성·전주·가차를 먼저 가르쳤다. 이것이 문자의 법칙이고, 한자의 왼쪽인 편偏과 오른쪽인 방旁이 떨어지고 맞추는 방법이다. 『이아』, 『설문』, 『급취장』, 『옥편』과 같은 책이 모두 이러한 목적에 맞게 나왔다.

　문자는 심오하여 알기 어렵다. 그러나 옛날에도 어린 아이라고 해서 봐 주지 않고 모두 널리 통달하게 했다. 사물의 분류를 다 알고 또 그 차이점을 분별하여 문장의 핵심과 슬기로운 자질을 깨우치도록 하기 위해서였다.

우리나라 사람들은 주흥사가 지은 『천자문』으로 어린 아이들을 가르쳤다. 그러나 이 책은 어린 아이들을 가르치기에 적당한 책이 아니다. 천지天地의 글자를 배우고 나면 일월日月, 성신星辰, 산천山川, 구릉丘陵 등 그 분류를 제대로 알기도 전에 오색五色을 배우라고 한다. 현황玄黃의 글자를 배우고 나면 청적靑赤, 흑백黑白, 홍자紅紫, 치록緇綠의 차이점을 분별하기도 전에 우주宇宙를 배우라고 한다. 도대체 이게 무슨 교육방법인가?

'운우雲雨'라는 글자 중간에 '등치騰致'라는 글자가 끼어 있는데, 이것이 분류를 다한 것인가? '상로霜露'라는 글자 중간에 '결위結爲'라는 글자가 끼어 있는데, 이것이 차이점을 분별한 것인가? 이렇게 되어 있어서 어린 아이들이 『천자문』을 배우면 오히려 혼란을 일으켜 글자의 뜻을 분별하지 못한다. 그래서 '검을 현玄' 자를 감는다는 뜻의 '전纏'으로 해석하고, '누를 황黃' 자를 누른다는 뜻의 '압壓' 자로 해석한다. 그러나 이것은 글을 배우는 아이가 미련하고 어리석기 때문이 아니라, 아직 사물의 모양과 뜻을 미루어 분류하는 데 두루 통달하지 못하기 때문이다.

'찰 영盈' 자의 반대말은 '빌 허虛'이고, '기울 측仄' 자의 반대말은 '평평할 평平' 자인데, '영盈' 자로 '측仄' 자를 대했다.

또 '해 세歲'와 같은 종류는 '때 시時' 자이고, '볕 양陽' 자와 짝을 이루는 한자는 '그늘 음陰' 자인데, 세歲니 양陽이니 하며 동떨어지게 말하니, 이것은 올바른 분류가 아니다.

문자를 가르칠 때는 '맑을 청淸'으로 '흐릴 탁濁'을 깨우치고, '가까울 근近'으로 '멀 원遠'을 깨우치며, '가벼울 경輕'으로 '무거울 중重'을 깨우치고, '얕을 천淺'으로 '깊을 심深'을 깨우치는 게 바람직하다. 두 글자를 대조하면 두 가지 뜻을 함께 알 수 있고, 한 글자만 들어 말하면 두 가지 뜻을 모두 모르게 되는 법이다. 특별하게 탁월한 두뇌의 소유자가 아닌 다음에야 어떻게 깨우칠 수 있겠는가?

또 형체가 있는 사물에 대한 글자와 형체가 존재하지 않는 이치를 담은 글자는 그 분류가 다르다. 행동이 따르지 않는 이치와 행동이 따르는 일에 대한 글자 역시 그 분류가 다르다. 강江과 하河, 토土와 석石은 형체가 있는 사물의 이름이고, 청淸과 탁濁, 경輕과 중重은 형체가 존재하지 않는 이치이고, 정停과 류流, 운隕과 돌突은 행위가 따르는 일이 된다.

같은 분류의 한자를 미루어 배우지 않으면 넓게 통달하지 못하는 것이 이러하다. 이 때문에 마침내 『천자문』을 모두 배운 다음에도 한 글자도 모르는 웃지 못할 일이 벌어진다. 『천자문』은 전답을 표시하거나 과거시험 때 글을 말아 올리는 종이로나 필요할 뿐이다. 어떻게 어린 아이를 가르치는 책 가운데 끼어들 수 있겠는가? 반드시 『이아』나 『설문』을 가르치던 옛 제도를 다시 일으켜 세울 수 없다면, 서거정이 지은 『유합』을 가르치는 편이 훨씬 더 낫다.

정약용, 『다산시문집』 '『천자문』에 대한 비평千文評'

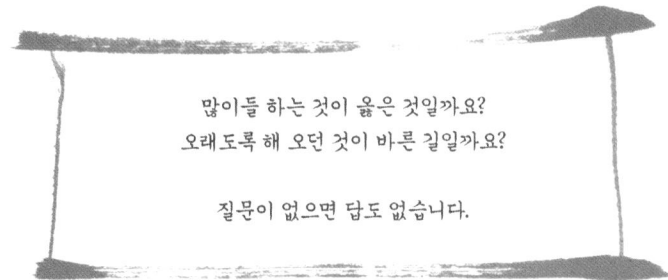

많이들 하는 것이 옳은 것일까요?
오래도록 해 오던 것이 바른 길일까요?

질문이 없으면 답도 없습니다.

잡스럽고 천박한 글이라도
반드시 얻을 것이 있다
_『잡찬』 비평

 이의산의 『잡찬』에 대해 사람들은 보잘것없는 몇 가지 말밖에 없다고 여길 뿐, 그 이외에 아주 많은 이야기와 학설이 존재한다는 사실은 알지 못한다. 그 사람이 어질지 않다 하더라도 세상의 풍속 가운데에서 찾아 모으고 인심에 비추어 알았다면, 때로는 깨우치고 살펴볼 일이다.

 예를 들자면, "자기 자식 악한 것을 알지 못하고, 자기 곡식 자라는 것을 알지 못한다."와 같은 말은 저잣거리에서 떠도는 속담에 불과하지만 군자는 얻어 취하는 법이다. 그러므로 소리가 들려오면 마음이 통해 이롭지 않은 것이 없다고 할 수 있다.

 나는 예전에 속담을 모아 풀이한 『백언해』를 지은 적이 있는데 사물의 태도를 묘사한 말은 인정에 가까워 결코 없애서는 안 될 것도 있었다. 이의산의 『잡찬』 또한 무엇이 다르겠는가?

『잡찬』의 '악불구惡不久, 악은 오래가지 못한다'에는 "도둑질한 관리가 공인公人을 두들겨 패며 꾸짖는다."고 되어 있다. 관아에 저장되어 있는 재물은 모두 조정에 속하니, 일정한 수준의 녹봉 이외에는 터럭 하나도 손댈 수 없다. 옳지 않은 재물을 얻고자 한다면, 관아의 서리들이 서로 쳐다보고 손가락질한다. 울타리를 뚫고 담을 넘다가 발각당한 자가 자신을 본 사람을 대하면 제대로 기운을 펴지 못하는 것과 같다.

그러므로 도둑질한 자는 반드시 서리들과 합심해 계략을 짜고, 더욱이 계략을 맞춘 날이면 심하게 두려워하고 조심한다. 그래서 겉으로는 가벼운 벌을 내리더라도 속으로는 두루 은폐하고, 한때나마 꾸짖는 척하다가 조금만 지나면 흔적조차 없다. 여승을 범하려고 하는 자는 먼저 동자승의 행동을 나무란다는 것과 같은 사례로 들 수 있으니, 한번 웃음을 터뜨릴 만하다.

또 『잡찬』의 '의상意想, 뜻과 생각'에서는 "귀신을 모시는 사당에 들어가면 귀신이 보이는 듯하고, 짐승을 잡는 집 앞을 지나가면 털방석이 생각나고, 매화를 보고 있노라면 이가 시리다."고 했다. 이 말은 『열자』의 쇠철 도둑질에 대한 비유다. 어떤 사람이 쇠를 도둑맞았는데, 이웃집 아들이 범인이라고 생각했다. 그러자 걸음걸이도 도둑놈의 걸음걸이고, 말을 들어 보아도 도둑놈의 말이 틀림없었다. 이웃집 아들의 행동이나 태도 가운데 쇠 도둑놈의 소행이 아닌 것이 하나도 없었다. 그런데 얼마 후에 쇠를 찾아내고서 다시 이웃집 아들을 살펴보니, 그 행동과 태도 가운데 쇠 도둑놈 같은 구석이 단 한 곳도 없었다. 그래서 군자는 온갖 더럽고 추잡한 것이 모여 있는 곳을 싫어하니, 한번 뜻과 생각이 그 안에 들게 되면 스스로 폭로할 길이 없어지기 때문이다.

또 『잡찬』의 '왕굴枉屈. 억눌려 굴복하다'에서는 "재물을 아까워하는 자는 병이 나도 고치지 않고, 맛있는 음식을 두고도 아끼다가 끝내 썩히고 만다."고 했다. 재물이란 것은 아끼지 않으면 모을 수 없다. 그러나 아끼다 보니 마음속에 하나의 버릇이 생겨 항상 자신보다 더 많은 재물을 가진 사람과 비교해 보고는 부족하다고 여긴다. 그래서 타고난 성품이 인색한 사람은 다른 사람에게 베풀지 않을 뿐만 아니라 자신에게도 재물을 쓰지 않고 또한 병이 나도 약을 구하려고 하지 않는다. 병이 나 그대로 죽으면 애써 아껴 모은 재물은 다른 사람의 소유가 된다는 사실을 알지 못하는 어리석음 때문이다.

더구나 인색한 자들 중에는 자신의 배가 부를 대로 부르고 난 다음에도 썩어서 버릴지언정 음식을 나누어 주지 않는 경우 또한 많이 있다. 맛있고 훌륭한 음식을 보면 끝없이 먹고 싶은 것이 보통 사람들의 마음인데, 어찌 원망하고 분노하지 않겠는가?

『시경』에 "마른 밥 한 덩어리 때문에 백성들에게 덕을 잃는다."고 했다. 이 같은 사실은 춘추시대 송나라의 화원과 정나라의 자가에게서도 볼 수 있다. 내가 한번은 계집종들이 자신의 상전을 비난하는 소리를 가만히 들어 보았다. 그 비난이라는 것이 대개 제사나 잔치가 끝난 후에 남은 음식을 썩도록 쌓아 두고도 나누어줄 줄 모른다는 말이었다. 이 두 가지 일은 더더욱 잊지 말고 기억해 두어야 한다.

『잡찬』의 '무견식無見識, 식견과 학식이 없다'에서는 "일의 원인도 설명하지 않고 먼저 다른 사람을 꾸짖고, 일의 도리를 묻지도 않고 다른 사람이 하는 대로 한다."고 했다. 이것은 군자 역시 반드시 살펴야 할 일이다. 미숙하고 어리석으며 난폭한 사람은 반드시 기억해야 할 말이다. 나 역시 평소 이 말에 대해 조심하고 또 경계하면서도 간혹 벗어나지 못했다.

『잡찬』이 나온 이후 송나라의 왕질이라는 사람이 『속찬續纂』을 지었는데, 그 '노비상奴婢相'에서는 "물건을 올려 놓는 상을 옮기려고 하면서 도리어 물을 더 높게 부으니, 넘쳐 흘러서 물건들이 길을 가로막는다."고 했다. '불상칭不相稱'에서는 "헤엄을 잘 치는 사람은 물에 빠져 죽고, 무당은 귀신에게 죽임을 당한다."고 했고, '부제사不濟事'에서는 "사람을 죽인 다음에야 술을 경계하고, 죽을 때를 당해서야 착해지고, 목이 말라야 샘을 판다."고 했다. 그 후 다시 소동파가 두 번째로 속찬하고, 황윤교가 세 번째로 속찬했다. 그러나 대부분 '익살

스러운 우스갯소리'의 기풍을 벗어나지 못해 이의산이 지은
『잡찬』 수준에는 미치지 못했다.

이익, 『성호사설』 '잡찬雜纂'

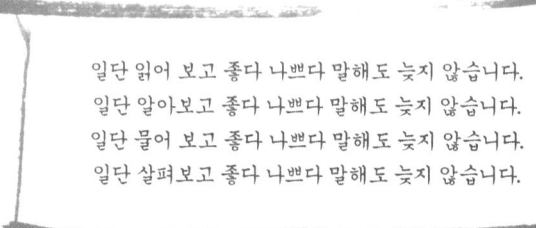

일단 읽어 보고 좋다 나쁘다 말해도 늦지 않습니다.
일단 알아보고 좋다 나쁘다 말해도 늦지 않습니다.
일단 물어 보고 좋다 나쁘다 말해도 늦지 않습니다.
일단 살펴보고 좋다 나쁘다 말해도 늦지 않습니다.

귀신의 안목을 갖춘 비평가

_ 김수온 비평

    점필재 김종직은 영남 출신이다. 열여섯 살 때 한양에 와 과거시험을 보았다. 당시 『백룡부白龍賦』라는 글을 지었으나 낙방했다. 이때 김수온이 대제학의 벼슬에 있으면서 낙방한 글들을 나누어 주었는데, 그 중에 점필재 김종직의 『백룡부』도 있었다. 그 글을 읽은 김수온은 매우 놀라면서, "훗날 문형文衡, 대제학의 손에서나 나올 만한 글이로다."라고 말했다.

    점필재가 탁월한 재주를 지니고도 과거시험에 낙방한 사실을 가슴 아파한 김수온은 『백룡부』를 품고 편전에 들어 임금에게 아뢰었다. 임금 역시 점필재의 문장 실력을 높게 사 영산의 훈도 벼슬을 내렸다. 당시 점필재는 한강에 들러 제천정 기둥 위에 다음과 같은 시를 남겼다.

눈 속의 매화와 비 온 뒤의 산은
말로 표현하기는 쉽지만 그림으로 남기기는 어렵네.
시인의 눈에 들어오지 않음을 알았던들
차라리 연지 잡아 모란이나 그릴 것을.

그 후 시간이 흘러 제천정에 노닐러 온 김수온이 기둥 위에 적힌 시를 보고, "이 시는 예전에 『백룡부』를 지은 사람의 손에서나 나올 만한 글이다. 훗날 내가 문형에서 물러나면 대신 그 자리에 오를 만한 사람이다."라며 감탄했다. 그리고 김수온은 그 시를 지은 사람이 누구인지 여러 경로를 통해 알아보았다. 그랬더니 그 시는 과연 점필재의 작품이었다. 글을 알아보는 김수온의 안목은 귀신의 수준이라고 할 만하다.

유몽인, 『어우야담』

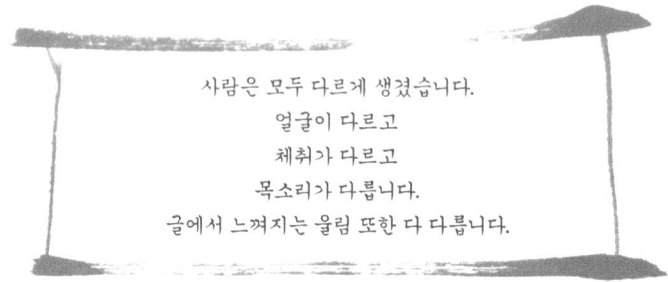

사람은 모두 다르게 생겼습니다.
얼굴이 다르고
체취가 다르고
목소리가 다릅니다.
글에서 느껴지는 울림 또한 다 다릅니다.

비교할 만한 문인이 드물다
_ 유몽인 자평

참의 벼슬을 한 권벽은 평생 동안 시 짓기에 공력을 쏟았다. 이 때문에 시에 대한 탁월한 안목을 지니고 있었다. 그는 다른 사람의 시문을 한 번만 보고도 한양 사람의 시인지 아니면 지방 사람의 시인지를 구별해냈다. 백 편의 시 가운데 단 한 편이라도 실수하는 법이 없었다.

어떤 사람이 그에게 서익의 시를 보였는데, 단번에 "이 시를 지은 사람은 반은 지방 사람이고, 반은 한양 사람이다."라고 말했다.

서익은 본래 서울에서 태어났는데, 여산에서 아내를 얻어 생활한 지가 여러 해 되었다. 시의 품격과 시인의 됨됨이를 알아보는 권벽의 안목이 이와 같았다. 권벽의 호는 습재다.

오늘날 세상에는 권벽의 개인문집인 『습재집』 10여 권이 있는데, 자손들이 가난한 탓으로 한 권만 간행되었다. 창주 차운로는 "최근 우리나라 시집 가운데 가장 높은 경지에 올라 흠잡을 곳이 없는 것은 『습재집』이다."라고 말했다.

내가 스무 살 때 산중의 절에 가 책을 읽은 적이 있다. 지금은 모두 문인이 되었지만 당시에는 벼슬길에 오르지 못한 한양 선비들이 많았다. 우리들은 서로 담화를 주고받으며 여러 편의 시를 지었는데, 4행시 또는 4운 8행시도 있었다. 시를 짓고 화답하는 무리들 속에 권벽의 아들인 권협도 있었다.

뒷날 그가 집으로 돌아가 그때 우리들이 서로 짓고 화답한 시들을 아버지인 권벽에게 보였다. 권벽은 시들을 한 번 쭉 보더니, 돌연 내유몽인가 지은 시를 집어내면서 "지금은 미숙하다고 할 수 있으나, 훗날 반드시 대문장가가 될 수 있는 자질을 엿볼 수 있다. 내가 나의 시를 가려 뽑아 시집을 만들 수는 없으니, 나중에 내 시집을 간행한다면 반드시 이 사람이 가려 뽑도록 하라."고 말했다고 한다.

어느 날 월정 윤근이 권벽을 만나 질문했다.

"사람들이 오늘날 문장 실력을 논할 때, 신진 문인들 중에서는 유 아무개의 글 솜씨가 매우 뛰어나다고 합니다. 유 아무개의 문장과 간이 최립의 문장을 비교한다면, 어떤 사람이 더 낫다고 할 수 있습니까?"

이 질문에 대해 권벽은 이렇게 답변했다.

"최립의 글은 옛 사람의 작품을 본받아 훌륭하다고 할 수 있지만 자신의 손으로 지은 조화라고 할 수는 없습니다. 그러나 유몽인의 글은 이전 시대 문인들이 세운 모범을 좇지 않습니다. 그의 글은 모두 자신의 가슴속 깊은 곳에서 나온 변화입니다. 이것은 정말 이르기 힘든 경지입니다. 따라서 최립의 글 솜씨는 유몽인의 글 솜씨만 못하다고 할 수 있습니다."

또한 내가 일찍이 들었는데, 오산 차천로가 나의 글과 최립의 글에 대해 논할 때 항상 권벽과 같은 입장을 취했다고 한다. 먼저 저세상으로 간 나의 친구 성진선은 내가 쓴 글에 대해 이렇게 품평했다.

"내가 볼 때, 자네의 문장은 맹자, 장자, 사마천, 반고, 한유의 글을 두루 모은 다음 스스로 조화로움을 창조했다고 할 수 있네. 따라서 옛 사람의 작품을 단순하게 모방하지 않았다고 할 수 있네. 그러나 최립의 문장은 반고의 역사, 한유의 비碑, 유종원의 기記만을 모아 체재와 골격을 모방했기 때문에 편협하다고 할 수 있네. 그러므로 최립의 문장은 자네의 문장만 못하네."

진선이 허균에게 "유몽인의 문장과 최립의 문장을 비교하면, 누가 더 뛰어나다고 할 수 있습니까?"라고 물었다. 허균은 아무런 말도 하지 않고 한참 동안 생각에 잠겼다가, "최립의 문장은 노련하고 귀신 같아 유몽인의 문장은 미치지 못한다고 할 수 있소."라고 대답했다.

나는 일찍부터 구양수의 문장은 수준이 낮다고 여겼다. 또한 이색의 문장은 과거시험 공부나 하는 선비들이 쓴 글과 유사해 하잘것없다고 생각해서 이규보의 문장을 형식으로 삼았다. 나의 시는 기운이 약해 이규보의 시만 못하다고 할 수 있으나, 그 시의 형식만은 같다고 자부할 수 있다.

현옹 신흠은 평생토록 글을 지었는데, 귀양을 떠난 이후 문장을 보는 안목과 식견이 더욱 밝아졌다. 권벽의 아들 권협 역시 문장을 알아보는 탁월한 안목의 소유자다. 그런데 이 두 사람은 모두 나의 글에 대해 동방에서 비교할 만한 사람이 없고, 오로지 고려 시대의 명문장가 이규보의 시문과 비슷한 수준이라고 평가했다.

차천로의 동생인 차운로 또한 문장에 조예가 깊었다. 그는 내 시문의 전질을 며칠 동안 깊이 살핀 다음 이렇게 말했다.

"오늘날 세상 사람들은 당신의 문장을 제대로 알아주지 않소. 문장을 보는 안목을 갖춘 사람만이 알 뿐이오. 내가 볼 때 세상에 당신과 비교할 만한 문인은 드물다고 할 수 있소."

내가 그에게 주필朱筆, 붉은색을찍어쓰는붓로 나의 시문을 가려 뽑아 주면 문집을 엮는 데 편리할 것이라고 부탁을 한 적이 있다. 그러자 그는 극구 사양하며 "더러 가볍게 움직여 붓을 써 내려간 작품이 있지만, 다른 사람들이 미칠 수 있는 수준이 아니오. 애석하지만 내 능력으로는 선별하기 힘드오."라고 말했다. 그리하여 권협에게 시문을 가려 뽑아 달라고 부탁했는데, 그 또한 사양하며 이렇게 말했다.

"공이 좋은 시문을 가려 뽑아 문집을 간행하려고 하는 이유는 비용 문제 때문일 것이오. 만약 종이 값을 아낄 요량이라면 이후로는 글을 짓지 말아야 할 것이오. 그러나 이미 지어 놓은 글 가운데는 단 한 편도 버릴 것이 없소."

그래서 나는 다시 성여학에게 글을 가려 뽑아 달라고 부탁했는데, 그는 시문의 잘된 곳이나 고칠 부분에 점을 찍어 주고 동그라미만 칠 뿐 선별하지는 않았다. 그러면서 이렇게 말했다.

"공의 시문 중에는 더러 불필요한 글자나 구절을 지울 만한 곳이 있기는 하나 가려 뽑을 수는 없소. 공이 스스로 가려 뽑아야 할 듯싶소. 어찌 다른 사람이 손을 댈 수 있겠소? 나는 우리나라 사람의 문집을 많이 보았는데, 그대와 비교할 만한 문장의 대가는 보지 못했소. 그렇지만 오늘날 세상 사람들 중 누가 그것을 알 수 있겠소? 글 솜씨와 문장 실력이 탁월하다 해도 세상 사람들은 귀하게 여길 줄 모르오. 소설이나 야화, 야사 모음집을 지어서 세상 사람들을 가르치는 데 도움을 주거나 백성들이 즐겨 보도록 하는 일만 못하오."

나는 성여학의 말을 따라 그동안 보고 들은 것을 근거 삼아 10권 남짓 되는 야담집을 지었다. 그 후 태학사 유근이 내 시집을 보고서, "내게 가려 뽑으라고 시켰더라도 어찌 할 수 있었겠는가? 마땅히 모든 시문을 엮어 전질을 간행함이 옳다."라고 했다.

  슬프구나! 집안이 가난한데 어떻게 전질을 간행할 수 있겠는가? 내가 지은 50~60권 분량의 글은 장차 벽이나 바르는 종이 신세가 되고 말 것인가?

유몽인, 『어우야담』

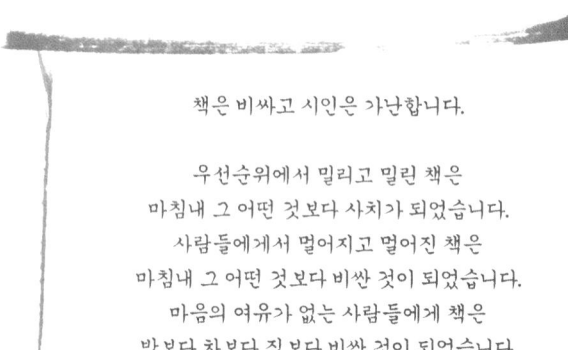

책은 비싸고 시인은 가난합니다.

우선순위에서 밀리고 밀린 책은
마침내 그 어떤 것보다 사치가 되었습니다.
사람들에게서 멀어지고 멀어진 책은
마침내 그 어떤 것보다 비싼 것이 되었습니다.
마음의 여유가 없는 사람들에게 책은
밥보다 차보다 집보다 비싼 것이 되었습니다.

인간의 경지를 넘어선 묵란화

_흥선대원군 비평

　난은 가장 그리기 어려운 소재다. 예부터 그림 소재로 즐겨 쓰인 산과 강, 매화와 대나무, 꽃과 나무, 짐승과 물고기 등을 능숙하게 잘 그리는 사람들이 매우 많았다. 그런데 난 그림을 잘 그렸다고 이름을 알린 사람은 찾아보기 어렵다.

　예를 들어 송나라와 원나라 시대 이후 중국에서 이름을 떨친 화가들의 명단을 뒤져 보면 산수화를 잘 그렸다는 사람은 헤아릴 수 없이 많다. 그러나 이들을 대표할 만한 왕숙명이나 황공망조차 산수화와 더불어 난을 잘 그렸다는 말을 들어 보지 못했다. 또 대나무 그림으로 유명한 문징명이나 매화 그림으로 명성을 떨친 양보지 역시 난을 잘 그렸다는 말은 전해오지 않는다.

　난 그림은 송나라 사람인 정소남에서 시작되어 조이재를

으뜸으로 쳤는데, 이 그림은 인품이 높고 빼어나지 않으면 그릴 수 없었다. 그 후 문형산에 이르러 남쪽에서 크게 유행했다. 그러나 문형산은 글과 그림이 매우 많아, 그가 그린 난은 작품 열 중 한둘에 불과했다. 그 또한 난 그림만은 많이 그릴 수 없었던 것이다. 따라서 요즘처럼 이리 채이고 저리 채일 정도로 난을 누구나 아무런 거리낌 없이 마구 그리도록 내버려 두어서는 안 된다.

  내가 일찍이 정소남의 난 그림을 본 적이 있는데, 지금 세상에 남아 있는 것은 단 하나에 불과하다. 그 그림 속의 잎과 꽃은 요즘 난을 그린다고 떠드는 사람들과는 너무나 차이가 나, 함부로 모방하거나 본받을 수 없는 수준이다. 조이재 이후로는 그 신비스러운 형상과 행적을 따라갈 수는 있지만, 또한 모방하거나 본받으려고 하면 불현듯 불가능한 일로 다가오곤 한다. 정소남과 조이재의 높고 빼어난 인품이 난의 화풍에 배어 있기 때문에, 보통 사람은 아무리 쫓아가려고 애를 써도 이룰 수 없다.

  근대에 와서 명나라의 진원소와 청나라의 승려 백정, 석도부터 정판교와 전택석 등은 난 그림에 공력을 쏟았는데, 모두 인품이 뛰어나 그 무리들 속에서도 빼어났다. 그림의 품격 역시 인품의 높고 낮음에 따르므로, 그림의 품격을 따로 떼어내어 논할 수는 없다. 그림의 품격은 형상을 비슷하게 그리는 것에 있지 않고 또한 계경契經, 석가모니의 가르침에도 있지 않다.

그리고 화법만으로 난을 그리려고 해서는 절대로 안 되며, 헤아릴 수 없이 많이 그려 본 다음에야 가능하다고 할 수 있다. 부처의 경지에 이르는 성불이란 당장 이룰 수 없고, 맨손으로는 결코 용을 잡을 수 없는 법이다.

  9천 9백 9십 9분을 얻었다고 해도 나머지 1분은 가장 이루기 어렵다. 9천 9백 9십 9분을 얻는 일은 가능하겠지만, 나머지 1분은 사람의 힘으로는 가능하지 않고 또한 사람의 힘이 아닌 다른 곳으로부터 얻을 수도 없다.

  지금 우리나라 사람들이 난을 그리면서도 이런 의미를 알지 못하니, 모두 아무것도 모르면서 무턱대고 그려대는 그림에 불과할 뿐이다. 석파石坡, 흥선대원군 이하응는 난 그림에 조예가 깊다. 하늘로부터 타고난 재주가 맑고 우아하고 기묘하다. 장차 나아갈 곳은 이 나머지 1분의 공력일 뿐이다.

  나는 몹시 둔하고 미련한 데다 신세조차 뒤집어져 뿌리를 내리지 못하고 헤매느라 난을 그리지 않은 지가 어느덧 20여 년이 지났다. 사람들이 더러 찾아와 난을 그려 달라고 부탁이라도 할라치면 모두 거절했다. 마치 마른 나무와 차갑게 식어 버린 재가 다시는 불씨를 되살릴 수 없을 것만 같았다. 그런데 석파의 난 그림을 보니 오랫동안 사냥하는 재미를 잊고 지내다가 갑자기 사냥꾼을 보고 기쁜 마음이 들었다는 정명도의 이야기가 떠올랐다. 그래서 스스로 그림을 그리지는 못하나 예전에 알고 있던 것들을 근거 삼아 경솔하게도 이 난권蘭

卷을 써 석파에게 부친다. 또한 앞으로 나에게 난을 그려 달라고 부탁할 요량이면, 나를 찾아오지 말고 석파를 찾아가는 것이 옳다.

김정희, 『완당전집』 '석파의 난권에 붙여 題石坡蘭卷'

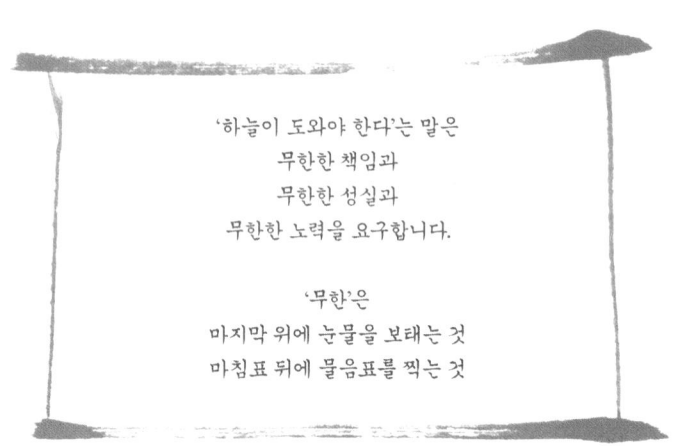

'하늘이 도와야 한다'는 말은
무한한 책임과
무한한 성실과
무한한 노력을 요구합니다.

'무한'은
마지막 위에 눈물을 보태는 것
마침표 뒤에 물음표를 찍는 것

글의 좋고 나쁨은
말을 잘 꾸미는 데 있지 않다
_ 시 비평

　나는 시를 잘 짓지 못한다. 다만 시가 지닌 뜻을 조금 해석할 줄 알 뿐이다. 시의 좋고 나쁜 것을 평할 때에는, 그 시가 담고 있는 의미와 취지에 대해 말해야지 말을 잘 꾸미는 데서 찾지 말아야 한다. 비유하자면, 대갱大羹, 제사 때 쓰는 간을 하지 않은 고깃국과 현주玄酒, 제사 때 술 대신 쓰는 맑은 물처럼 아무런 맛이 없으면서도 지극한 맛을 내는 것과 같다. 한번에 다섯 가지 맛을 내면 사람의 입에 가장 큰 즐거움을 주겠지만, 결국에는 어느 한 가지 맛이 다른 맛들을 이기기 마련이다.
　옛 사람들은 도연명과 위응물을 시인의 으뜸으로 삼았다. 유종원은 깊고 높다고 할 수 있지만 말과 표현의 꾸밈이 너무 지나쳤다. 나는 우리나라 시인들 중에서 고려의 도은 이숭인을 가장 좋아한다. 다른 시인들은 미친 듯 괴이하고, 노한 듯 꾸짖고, 번드르르하게 화려한 말만 늘어 놓았을 뿐, 시가 담아야 할 뜻은 찾아보기 힘들다. 식자識者와 더불어 말할 수 있어도 속인俗人과는 말을 나누기 어려우니, 시의 뜻은 오직 마음을 다스리고 성품을 갈고 닦아야만 얻을 수 있다.

 시의 뜻은 멀고도 높구나. 나 같은 사람은 생각이 거칠고 번잡스러워 그 말로 표현한 것이 이러하니, 부끄럽고 두려울 뿐이다. 이런 어리석음을 모두 버리지 못하고 나의 잘못을 적어두는 이유는 약과 침을 구하고자 함이니, 보는 사람은 아량을 베풀기 바란다.

유성룡, 『서애집』 '『난후시고』 뒤에 쓴다書亂後詩稿後'

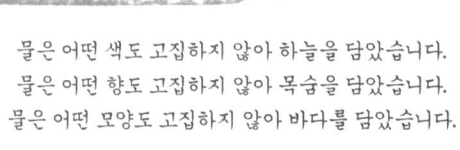

물은 어떤 색도 고집하지 않아 하늘을 담았습니다.
물은 어떤 향도 고집하지 않아 목숨을 담았습니다.
물은 어떤 모양도 고집하지 않아 바다를 담았습니다.

비천한 백성의 노래가 시보다 훌륭하다
_ 민요 비평

　노래는 자신의 감정을 표현한 것이다. 감정이 말을 따라 움직이고, 말이 글을 따라 이루어지는 것을 노래라고 한다. 노래를 좋다고 하는 이유는 화려함과 졸렬함, 선함과 악함을 잊고 자연스럽게 표현하고 타고난 기질을 드러낼 수 있기 때문이다. 이 때문에 『시경』의 「국풍」은 백성들 사이에서 불리는 수많은 가요를 실었는데, 그중에는 덕성을 기르는 가르침도 있지만 아름답지 못한 풍속을 노래한 것도 있다. 그러므로 선하고 아름다운 강구요康衢謠, 요순 시대에 태평한 세상을 즐겨 부른 노래에 비교하면, 보잘것없지만 모두 그 시대의 성품과 감정을 바르게 담았다고 할 수 있다.

　우리나라에서 노래라고 하는 것은 모두 백성들 사이에서 떠도는 상스러운 말로 엮여 있고 더러 문자가 섞여 있을 뿐이다. 그래서 옛것을 선호하는 사대부들은 노래 짓기를 즐겨하지 않았고, 보통 우매한 남자와 여자들의 손에서 많이 만들어졌다. 그래서인지 군자라고 자처한 사람들은 모두 그 노랫말이 저속하다고 취하지 않았다. 그러나 『시경』에서 말하는 '풍風' 역시 본래 풍속을 노래한 보통 말이라고 할 수 있다. 이렇게 생각한다면, 그 당시에 노래를 듣던 사람 또한 요즘 사람이 지금 노래를 듣는 것처럼 하지 않았다고 어떻게 알 수 있겠는가?

  단지 입에서 나오는 대로 노래가 만들어졌다 하더라도 말이 마음속에서 우러나오고, 곡조가 틀렸더라도 진심이 드러나 있다면 나무하는 아이나 농부의 노래라도 자연스러운 표현이다. 말은 비록 옛것이나 그 타고난 기질을 깎아 없앤, 사대부가 이것저것 끌어 모아 애써 지은 시보다는 오히려 낫다.

  예부터 우리나라 백성들 사이에 전해오는 노래를 가려 뽑아 모은 다음 두 책을 만들어서『대동풍요』라고 이름 지었다. 이 책에 담긴 노래가 자그마치 십여 편이 넘는다. 또 별곡으로 된 수십 편을 끝 부분에 붙여 놓았다. 나라를 다스리는 조정에서 민가의 풍속을 살피는 데 도움이 될 것이다. 노랫말 중 희롱하는 말이나 음탕한 표현이 있는데 이 또한 공자께서『시경』을 엮을 때, 음탕하다고 알려진 정나라와 위나라의 시를 버리지 않은 뜻과 같음을 밝혀 둔다.

홍대용,『담헌서』 '대동풍요에 붙여 大東風謠序'

시는 노래요,
노래는 가슴의 말입니다.
그런데
언제부터인가 머리의 말만 옳고,
가슴의 말은 천박한 것이라고 합니다.

기이하고 신비스러운 이야기나
소설이 존재하는 이유

_『태평광기』 비평

    유학儒學이란 인간 본성과 진리의 근원을 밝히고, 과거와 현재의 변화에 통달하여 자신을 닦는 학문이다. 이처럼 세상과 나라를 다스릴 수 있는 것은 경전과 역사서뿐이다. 이외에 다른 무언가를 구하고자 한다면 곧 유학의 길을 버리고 이단의 길로 돌아가게 된다.

    그러나 천하의 진리는 끝이 없고, 사물의 변화 또한 무궁하다. 그래서 유학의 경전과 역사서 이외에도 제자백가들의 여러 학문과 학파가 존재한다. 그들은 각자 자신들이 본 대로 논리와 주장을 내세우고 책을 저술했다. 그 학설과 책들은 유학 경전의 뜻과 반드시 일치하지는 않지만 볼 만한 것이 전혀 없다고 할 수는 없다. 오히려 학식과 견문을 넓히는 데 큰 도움을 주며, 유학의 길이 아주 크고도 넓어 어디에나 존재한다는 사실을 알 수 있게 해 준다. 따라서 유학자라면 본래부터 알아야 한다. 이것이 『태평광기太平廣記』라는 책이 만들어진 이유다.

그러나 원본 『태평광기』는 세상의 모든 이야기를 빠뜨리지 않으려고 지나치게 광범위하게 기록한 탓에 무려 5백 권에 이른다. 그 분량이 너무 많고 지루해서 책을 끝까지 본 사람이 거의 없다. 내 친구 창녕성후는 고전을 좋아하며, 학식이 넓고 성품이 단아한 군자이다. 일찍이 『태평광기』를 읽고, 그 풍부한 문장과 기괴한 사건을 매우 좋아했다. 그러나 지나치게 광범위해, 간약하지 못한 것을 유감스럽게 생각했다. 그래서 번잡스럽고 어수선한 이야기들을 빼고 50권으로 간소화해서, 보는 사람들이 편리하게 만들었다. 그리고 내게 가지고 와서 서문을 써 달라고 부탁했다.

내가 이 책을 받아 읽어 보니, 우서에서 무소 뿔을 태워 깊숙하고 괴이한 것이 남김없이 환히 비추는 듯 하고, 진시황이 만든 지하 궁전의 무덤을 파헤쳐 진귀한 패물이 스스로 모습을 드러내는 듯했다. 읽어 내려갈수록 더욱 신기하고 재미가 있어서 싫증이 나지 않았다.

수천 년이 지나는 동안 깊숙하게 드러난 것으로는 귀신의 형상이고, 환하게 드러난 것으로는 인물의 변화한 상태다. 모든 기쁨과 놀라움, 귀함과 천함이 환하게 드러나 내 앞에 늘어서 있었다. 이 책 덕분에 다섯 수레의 책을 모두 읽지 않아도, 보고들은 것이 적다거나 보잘것없다는 비난을 모면하게 되었다. 그러므로 나는 창녕성후를 칭찬하지 않을 수 없다.

창녕성후는 "공자께서는 괴이함, 힘셈, 어지러움, 귀신에 대해 말하지 않았다. 훗날 사람들이 장차 이 책을 보고 성인의 글이 아니라고 비난하면 어찌할꼬?"라고 걱정했다.

나는 이렇게 대답해 주었다.

"유학의 경전인 『주역』에서는 상상 속의 동물인 용을 서술했고, 『도서』에는 거북의 무늬를 실었다. 『시경』에서는 현조玄鳥와 무민武敏을 노래했고, 『예기』는 네 가지 신령스러운 물건의 영험함에 대해 말하고 있다. 또한 역사를 기록하는 사관은 여섯 액厄이 하늘을 나는 모습을 적었다.

이처럼 옛 성인들조차 경전을 편찬할 때 신비하고 기이한 내용들을 삭제하지 않고 그대로 두었는데, 어찌 이치에 맞지 않는다고 하겠는가? 천하의 이치는 끝이 없고, 사물의 변화 또한 무궁하다고 할 수 있다.

그러므로 한 가지 학설만 가지고 모든 것을 다 말할 수는 없다. 공자가 말하지 않은 이유는 단지 사람들이 여섯 가지 경전의 내용에 대해 분명하게 알지 못하면서, 숨은 뜻만 찾고 괴이한 행동을 하는 이야기에 미혹 당할까봐 염려했기 때문이다.

먼저 여섯 가지 경전의 도리를 배우고 학문이 바르고 크고 높고 밝은 경지에 도달했다면, 길거리나 뒷골목의 저속한 말과 이야기라도 모두 이치를 담고 있으므로 반드시 내게 도움이 된다. 더구나 한가롭고 울적할 때 이 책을 읽고 있으면 옛사람과 더불어 담소를 나누고 농지거리를 하는 듯해, 무료하고 답답한 마음이 얼음물 녹듯 풀리고 확 뚫리는 듯 시원하다.

한 번 팽팽하게 긴장했다가 또 한 번은 느슨하게 풀어 주는 방법으로 이보다 더한 것이 있겠는가? 그렇지 않다면 예부터 패관稗官, 백성들 사이에서 유행하는 풍속이나 설화들을 기록해 임금에게 올린 벼슬아치이라는 관직을 설치할 필요가 없었고, 소설을 쓴 문장가들의 이름 또한 후세 사람들에게 전해오지 않았을 것이다."

내 말을 듣고 난 후 창녕성후는 "과연 그렇겠네."라고 했다. 이 대화를 근거 삼아 그대로 기록한 후, 그에게 주었다.

이승소, 『속동문선』 '약태평광기에 붙여略太平廣記序'

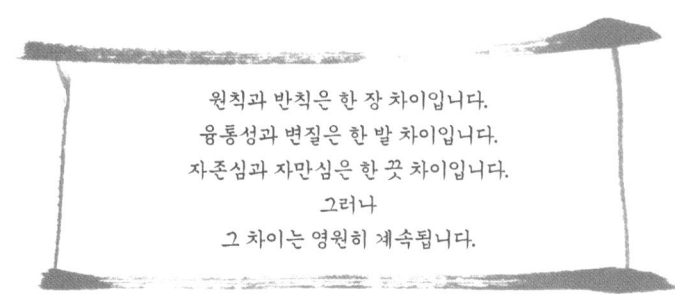

원칙과 반칙은 한 장 차이입니다.
융통성과 변질은 한 발 차이입니다.
자존심과 자만심은 한 끗 차이입니다.
그러나
그 차이는 영원히 계속됩니다.

문장에 자연의 이치를 담은 목은 이색
_ 이색 비평

하늘과 땅 그리고 자연의 이치가 있으니, 곧 하늘, 땅, 자연의 문장이다. 해와 달과 별은 그 이치를 따라 세상을 비추고, 바람과 비와 서리와 이슬은 그 이치에 따라 변화하고, 산과 물은 그 이치를 얻어 흐르고 솟구치며, 풀과 나무는 그 이치를 좇아 잎이 돋고 꽃이 피며, 물고기와 새는 그 이치를 따라 날고 뛰어오른다.

소리와 빛깔을 지니고 하늘과 대지 사이를 가득 채우고 있는 온갖 사물은 제각각 자연의 문장을 이루지 않은 것이 없다. 그것이 크게는 예악禮樂과 정치와 행정으로 나타나고, 작게는 몸가짐과 자세 그리고 말과 글로 나타난다. 모두 하늘과 땅 그리고 자연의 이치를 드러내고 보여준다.

사물은 그 이치의 한쪽을 얻고 사람은 전부를 얻었지만, 타고난 기질과 성품을 잘 닦고 학문을 발전시켜 그 전부를 잘 보존하고 어느 한쪽으로 기울지 않은 사람은 드물다고 할 수 있다. 옛 사람은 하늘과 땅 그리고 자연과 같아서, 유학의 여섯 고전은 그 이치를 갖추고 문장이 우아해 말할 수 없이 훌륭하다.

진나라와 한나라 이전 시대에는 그 기운이 순수했는데, 조나라와 위나라 이후부터 찬란하고 거대한 기운이 나눠지고 흩어져 규범으로 삼을 만한 책들이 모두 사라져서 이치와 문장이 꽉 막혀 버렸다.

그러나 당나라가 일어나자 문화와 교육이 크게 융성했고, 수많은 작가들이 계속해서 등장했다. 처음에는 제각각 기이하거나 어느 한쪽으로 치우쳐 겨우 자신의 이름이나 지켰다.

그러다가 이백, 두보, 한유, 유종원에 이르러서는 크고 넓게 펼쳐 천 가지 종류와 만 가지 형상을 모두 모았다. 그리고 송나라 시대에 들어서는 구양수와 소식이 힘껏 떨쳐 일어나 옛 궤적의 빛을 따라가 문장이 성대해졌다.

우리나라에서는 목은 이색의 타고난 자질이 순수하고 기운이 맑았으며, 넓은 학식과 밝은 이치로 지극한 정성에 들어맞았고, 자신을 갈고 닦아 아주 높은 경지에 이르렀다. 그리고 그 모든 것을 잘 드러내어 문장이 풍부하고 여유가 있고 부드러우며 인정은 끝없이 넘쳐났다.

그의 문장은 밝음으로 치자면 해와 달보다 더하고, 변화로

치자면 비바람보다 더 빨랐으며, 우뚝 솟아 산처럼 높고, 굽이 침은 강과 바다처럼 넓었다. 아름다움은 꽃과 같고, 움직임은 새와 물고기처럼 활력이 넘쳤으며, 풍부함은 온갖 사물이 제 각각 자연의 오묘한 이치를 담고 있는 것과 같았다.

이색은 천지자연의 순수한 정기를 타고나서 옛 사람의 심오한 학문을 연구하고, 또 구양수와 소식의 수레를 몰고 한유와 유종원의 집 마루에 오르지 못한 사람이라면 오를 수 없는 경지에 이르렀다. 우리나라에 문장과 학문이 존재한 이후 이색처럼 뛰어난 사람은 나오지 않았다. 진실로 위대한 어른이다.

권근, 『양촌집』 '스승 목은 선생의 문집에 붙여恩門牧隱先生文集序'

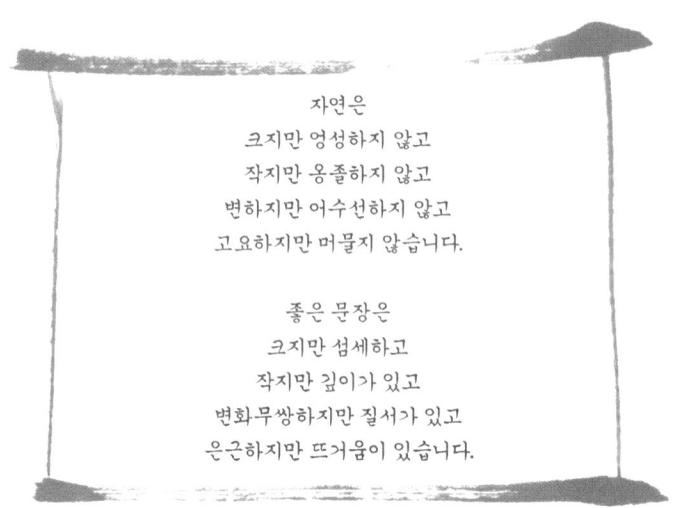

자연은
크지만 엉성하지 않고
작지만 옹졸하지 않고
변하지만 어수선하지 않고
고요하지만 머물지 않습니다.

좋은 문장은
크지만 섬세하고
작지만 깊이가 있고
변화무쌍하지만 질서가 있고
은근하지만 뜨거움이 있습니다.

조선의 학문적 뿌리, 포은 정몽주

_ 정몽주 비평

　모든 일은 조짐으로 이루어지는 것이 천지자연의 이치다. 봄과 여름의 따뜻함은 겨울의 추위에서 비롯되고, 나뭇가지의 무성함은 잎이 막 떨어지면서 시작되는 법이다.
　하늘이 장차 한나라의 시대를 열어 주려고 했기 때문에 문장이 전국시대부터 변화했고, 남송의 정자와 주자가 성리학을 장차 일으키려고 했기 때문에 오성이 오계 시대에 모인 것이다. 조짐이 있으면 먼저 기운이 모습을 드러내게 마련이다.
　포은 정몽주는 우리나라는 역사가 시작된 지 수천 년 만에 세상에 나와 충성으로 임금을 섬기다가 고려가 멸망하자 목숨을 바쳤다. 포은이 군신간의 윤리를 밝힌 일은 천지자연보다 크고 해와 달처럼 빛난다고 말할 수 있다. 그러나 임금과 나라를 위해 목숨을 바친 것은 옛 송나라의 원찬이나 문산도

한 일이므로, 이것만으로 포은의 훌륭함을 말하기는 부족하다.

포은은 멀게는 옛 성인의 도리를 이어받고 가깝게는 성리학의 법도를 지켜, 조선의 유학자들이 성대한 문명을 이룰 수 있도록 이끌어 주었다. 그 끝없는 은혜는 일일이 따져 보지 않아도 모든 선비들이 익히 알고 있는 일이다.

지난 인조 임금 때 성균관 유생들이 정암 조광조의 원통함을 풀어 달라고 청한 글을 올렸는데, 이런 내용이 적혀 있다.

"조광조는 김굉필에게서 학문을 배웠고, 김굉필은 김종직에게 가르침을 받았습니다. 또 김종직은 그의 아버지인 김숙자에게 학문을 배웠고, 김숙자는 길재를 스승으로 모셨습니다. 길재의 학문은 정몽주에게서 나왔습니다. 그러므로 정몽주야말로 우리나라 성리학의 시조라고 할 수 있습니다."

이것으로 미루어 생각해 보면, 도학성리학이 순수하고 순수하지 못한 것에는 제각각 차이가 있다고 하더라도 그 근본 뿌리는 어렵지 않게 알 수 있다.

정암 조광조 이후 성리학의 융성은 남송 성리학의 전성시대와 비교할 만했다. 이렇게 될 수 있었던 뿌리를 따져 들어가면 그 공은 모두 포은 정몽주에게로 돌아간다. 따라서 포은 정몽주가 태어난 것은 고려의 복이 아니라 우리 조선의 복이다.

그러나 우리 조선의 문치文治가 이토록 융성하게 된 것은 하늘이 이끌어 주신 것이니, 하늘의 조짐이 없었다면 포은 정몽주 같은 분이 고려 시대에 태어나지 않았을 것이다. 하늘의 이치와 조짐이란 바로 이렇다.

　포은 정몽주의 개인 문집은 연보와 부록들을 모두 아울러 4편인데, 오래 전에 간행되었다. 이제 포은의 7대손인 상국공 정유성이 족제인 현감 정운익과 족질인 현강 정원징과 더불어 이 문집을 다시 간행하려고 한다. 그래서 내게 포은의 문집에 서문을 써 달라고 부탁했다.

　생각해 보니, 포은 정몽주를 우러러 높이고 찬미하는 말은 옛 사람들의 서문과 발문에서 이미 지극한 수준에 이르러 또 다시 무슨 말을 더 보탤 수 있나 싶다. 그러나 세상에서 포은을 잘 안다고 하는 사람들 중에는 사람이 반드시 시켜야 할 삼강과 강상의 윤리를 바로잡았다는 사실만 알 뿐 성리학을 크게 넓히고 밝힌 공적은 잘 모르는 사람들이 많다.

　이러한 사실을 아는 사람이라도 그 흥함과 망함이 하늘의 뜻이고, 하늘이 성리학의 융성한 기운을 열어 주려고 먼저 포은 정몽주로 조짐을 삼았다는 것을 알지 못한다. 음양의 변화와 조화의 오묘한 이치를 알고 있는 사람만이 알 수 있는 일이다. 어찌 이것을 저속한 사람들과 쉽게 나눌 수 있겠는가?

　안타깝게도 포은 정몽주의 아름다운 말과 지극한 학설은 세상에 전해지지 않고 시 몇 편만이 쓸쓸하게 남아 있다. 목은 이색이 포은 정몽주의 강설을 듣고 있다가 논리가 아주 정연하다고 칭찬한 말이 무슨 뜻인지 알 방법이 없으니, 안타깝고도 안타깝다. 그러나 후세 사람들이 지금 이 시집에 실려 있는 시만 헤아려 보아도, 포은 정몽주가 넓은 마음과 높은 기상을 지닌 인재요 옛 성인과 현인의 학문을 지닌 대학자였다는 말이 거짓이 아니라는 사실을 알 수 있다.

세상을 올바르게 다스리는 도리가 시들면서 세속적인 기호나 욕망도 더욱 저속해지고 있다. 이전 시대의 성인과 현인의 도학이 점점 사라져가는 현실을 슬퍼하고 장차 성리학의 위상이 추락할 것을 염려하면서, 포은 정몽주가 남긴 4편의 시집 끝 부분에 이 글을 쓴다.

세상 사람들이 지금도 포은 정몽주의 끝없는 은혜를 누리고 있다는 사실과 더불어 우리 성리학의 융성과 쇠락이 어디에 달려 있는가를 알게 하고 싶어서다.

송시열, 『송자대전』 '포은 정몽주의 시집에 붙여圃隱先生詩集序'

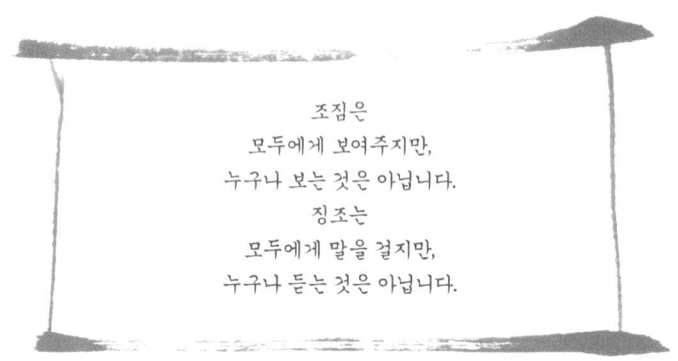

조짐은
모두에게 보여주지만,
누구나 보는 것은 아닙니다.
징조는
모두에게 말을 걸지만,
누구나 듣는 것은 아닙니다.

박지원이 중국에서 태어났더라면

_ 박지원 비평

　나는 청나라 시인들 중에서 정림 고염무를 가장 좋아한다. 고시와 배율이 특히 훌륭하기 때문이다.
　또한 항상 왕어양보다 고염무가 뛰어나다고 생각했다. 문장은 마땅히 위희와 왕완을 가장 뛰어났다고 여겼다. 요즈음에 들어서는 수원 원매가 출중한 재주와 생각으로 옛 사람을 뛰어넘었다. 간혹 형식이 순수하지 않지만, 문단의 강적이라고 할 만하다.
　우리나라의 박지원이 중국에서 태어났다면, 깃발과 북을 잡고 그들과 어깨를 나란히 했을 것이다. 그랬다면 천하의 문단이 누구의 손에 들어갔을지는 아무도 모를 일이다.
　풍고 김조순은 연암 박지원의 글을 몹시 싫어했다. 일찍이 내각에서 풍석 서유구와 연암의 글에 대해 논쟁한 적이 있는

데, 서로 뜻이 맞지 않았다. 그러자 김조순이 발끈 화를 내며 이렇게 말했다.

"박 아무개에게 『맹자』 한 장을 읽게 하면 반드시 구두도 제대로 떼지 못할 것이네."

이 말에 서유구 또한 화를 내며 말했다.

"연암 어르신이라면 『맹자』 한 장을 새로 짓고도 남을 만한 분입니다."

그러자 김조순이 어이가 없다는 듯이 다시 말했다.

"그대가 글을 그 정도로 모른다고 말하지는 않겠네. 그러나 내가 조정에 있는 한 그대는 문원인 홍문관의 관직은 바라지 마시게."

서유구 역시 지지 않고 맞섰다.

"저는 문원의 관직은 바라지도 않습니다."

당시 정승 벼슬을 지낸 두실 심상규가 호남 지방의 관찰사로 있었는데, 태학사 이극원이 편지를 보내 두 사람이 논쟁한 사실을 알려 주었다.

이 사건으로 보건대, 당시 조정에 있던 여러 벼슬아치들이 한때나마 얼마나 대단했는가를 어렵지 않게 짐작해 볼 수 있다. 그러나 이제 서유구만이 홀로 남아, 크게 탄식하며 당시의 일을 말해 주었다.

홍길주, 『수여방필』 및 『수여난필속』

새로움은 낯설고
낯설음은 불편하고
불편함은 불만을 사게 됩니다.
그러나
새로움 없이는 세상이 나아갈 수 없습니다.

신하의 절개와 의로움을 밝힐 수 있는 근본 뿌리

옛 사람의 문장을 뛰어넘다

옛 문장을 근거 삼아 오늘의 문장을 비평하지 말라

순수하고 독실한 자질을 갖추다

보여 주어야 할지 말아야 할지

나 스스로를 비평한다

제봉 고경명은 용과 같은 사람이다

역사를 기록하는 붓끝이 부리는 조화

하늘과는 통하면서 사람과는 통할 수 없단 말인가

다른 사람이 지은 글을 비평하는 올바른 방법

시가 사람을 궁색하게 만든다는 주장에 대한 변론

옛 사람의 교훈에 정신을 빼앗기다

모든 것을 잊고 한 가지에 미쳐야만 이룰 수 있다

허공의 꽃이나 물속에 잠긴 달

다른 사람의 문장을 비평하면서도, 그 사람이 마음속으로 받아들이도록 하는 방법이 있다. 내가 지은 글이 그 사람의 글보다 훌륭할 때 비평하면 받아들인다. 그 사람이 지은 글이 내가 일찍이 저지른 실수로 다시 하지 않게 된 것이라면, 그 비평을 마음속으로 받아들인다. 또한 그 사람이 글의 뿌리, 근거로 삼고 있는 것을 내가 이미 환하게 꿰뚫고서 하나하나 따져 깨뜨리고 아울러 근거로 삼을 수 없는 여러 가지 이유를 들어 비평한다면 마음속으로 받아들인다. 이 세 가지 방법으로 능숙하게 비평할 수 있는 사람은 '거장'이라고 할 수 있다.

신하의 절개와 의로움을 밝힐 수 있는 근본 뿌리

_ 길재 비평

    우리 조선이 개국하기 이전 태종 임금께서 국학國學에 들어가 글을 읽은 적이 있다. 당시 태학생 길재는 태종 임금과 한 동네에서 자란 사람으로 서로 따르며 학문을 갈고 닦아 정과 뜻이 매우 두터웠다. 훗날 벼슬길에 나아가 문하주서문서나 기록을 맡아 보던 벼슬가 되었는데, 고려가 멸망하고 조선 왕조가 들어서자 은퇴하여 다시 벼슬할 뜻을 버리고 정성으로 어머님을 모시며 살았다.

    태종 임금이 즉위한 후 그를 봉상박사로 삼고자 불렀으나 나가지 않았고, 계속 한양으로 올라오기를 독촉하자 마지못해 가서는 다음과 같은 글을 올렸다.

    "저는 본래 시골 백성으로 고려 왕조에 몸을 바쳐 과거를 치르고 벼슬까지 지냈습니다. 따라서 고려에 대한 은혜와 의리는 비교할 바가 없습니다. 그러므로 다시 조선 왕조에서 벼슬하여 사람으로서 반드시 지켜야 할 명예와 본분을 더럽힐 수는 없습니다."

이 글을 읽은 태종 임금은 그의 절개와 의로움을 높이 사예우하고, 지방 관아에 명령하여 부역을 면제해 주었다. 나는 그때 그에게 한양에 계속 남아 주기를 간청했으나, 끝내 받아들여지지 않았다. 그 뒤 어머니가 돌아가시자 길재는 삼 년 동안이나 시묘살이를 하면서, 모든 상례와 제례를 하나같이 옛 성인의 제도에 따라 지내고 불가의 법도를 취하지 않았다.

귀암 남공재가 길재가 생활하던 지방의 관찰로 있으면서, 시 몇 수를 지어 두루마리 두 개를 만든 다음 각각 그 끝 부분에 짤막한 서문을 지어 붙였다. 하나는 길재의 절개와 의로움을 찬미한 것이었고 다른 하나는 길재의 효행을 찬미한 것이었다. 여기에 화답하여 지은 시 몇 수를 그 아우인 스님 종수가 가지고 와 내게 보여 주었는데, 이때 나도 흉내를 내어 뒷부분에 글을 써 붙이고 책을 어루만지면서 이렇게 감탄했다.

"절개와 의로움은 본래 사람의 마음속에 있다. 그러므로 영원히 없앨 수 없다. 성리학의 도는 천지 자연의 떳떳한 법이다. 또한 오랜 시간이 흘러도 없앨 수 없다. 선비라고 하면 누군들 열심히 학문을 닦고 밝혀 이러한 이론과 학설을 모르겠는가? 그러나 사사로이 공명과 이익에 이끌리지 않고, 사악한 말에 유혹되지 않고, 대의와 절개에 마주하여 마음을 바꾸지 않는 사람에 대해서는 역사를 뒤져 보아도 듣기 어렵고 찾기 힘들다. 사사로운 욕심과 사악한 말이 던지는 유혹은 참혹하게 사람의 마음을 해친다. 특출한 견해와 확고한 결심이 없다면 어떻게 그 배운 도리를 온전히 지킬 수 있겠는가?

지금 길재는 세상이 바뀐 후 충성을 바칠 임금을 찾지 못했지만, 옛 왕조를 위해 의리를 지켜 신하의 절개를 잃지 않았다. 또한 돌아가신 어머니를 위해 예의를 다하고 이단불교에 빠지지 않았다. 신하된 자로서 지켜야 할 충성과 자식된 자로서 지켜야 할 효도를 다한 길재의 큰 절의가 이처럼 탁월했다. 학문의 올바름, 도리의 독실함, 견해의 탁월함, 마음의 확고함이 어찌 이토록 지극할 수 있단 말인가?

고려가 500년 동안 교화를 베풀어 선비의 풍채와 몸가짐에 힘쓴 효과가 길재의 한 몸에 다 모였고, 조선이 억만 년 동안 삼강과 오상의 도리를 붙잡아 신하의 절개와 의로움을 밝힐 수 있는 근본 뿌리가 길재의 한 몸에서 시작되었다. 우리 조선의 덕이 이처럼 길재 때문에 더욱 빛을 발하니, 그의 어짊은 진실로 시대를 초월하여 듣기 힘든 일이라고 하겠다."

권근, 「양촌집」 '야은 길재의 시권 뒷부분에 붙여題吉再先生詩卷後序'

존경은
내 편을 되어 주지 않아도 이해하고
내 힘이 되어 주지 않아도 격려하고
내 짝이 되어 주지 않아도 사랑하는 것입니다.

사람은 사람에게 언제나 존경스러운 존재입니다.

옛 사람의 문장을 뛰어넘다
_ 이숭인 비평

　문장은 세상을 다스리는 도리를 따라 융성하기도 하고 쇠퇴하기도 한다. 그것은 기운이 융성하고 쇠락하는 것과 관련되어 있어서, 세상과 더불어 따라가지 않을 수 없다. 그렇지만 간혹 특별나게 뛰어난 재주를 타고나 세상의 흐름에 휩쓸려 넘어가지 않고, 옛 사람의 문장을 뛰어넘은 훌륭한 사람도 있다.

　예를 들자면, 초나라의 굴원과 진나라의 도연명이 그와 같은 사람이다. 나라의 운세가 쇠락의 길을 걷고 있을 때 태어났어도 그 문장은 더욱더 떨치고 환한 빛을 발했다. 또 늠름하고 당당한 절개와 의로움은 가을 하늘처럼 높아 영원토록 신하된 사람들의 공경을 불러일으킬 만하고, 인간의 윤리와 세상의 가르침에 대한 공로 역시 매우 커 단지 문장만을 우러르고 떠받들 일이 아니다.

도은 이숭인은 고려가 쇠락의 길을 걷고 있을 때 태어났다. 타고난 자질이 비범하고 뛰어나 학문이 정확하고 박식했다. 남송 성리학을 학문의 바탕으로 삼아 경사經史와 자집子集, 백가百家의 글을 모두 철저하게 연구했다.

학문의 완성도가 깊었고, 식견은 더욱 높아 뛰어났다. 부처의 학설과 노자, 장자의 학문까지 파고들어 옳고 그름을 연구했다. 또한 문장을 다룰 때는 높고 예스러우면서도 우아하고 순결하고 탁월하고 치밀했다. 과거와 현재의 모든 문체를 능숙하게 다루어 절묘한 지경과 가지런한 법도가 있었다.

목은 이색이 이숭인에 대해 항상 감탄하면서 "이 사람의 문장은 중국의 전 시대를 뒤져 보아도 쉽게 찾아보기 힘들다. 우리나라에서는 글을 하는 선비가 존재한 이후로 그와 비교할 만한 사람이 없다."고 했다.

일찍이 사신의 명을 띠고 두 차례나 중국에 갔는데, 그의 글을 보거나 만나 이야기한 중국의 학자치고 탄복하지 않은 이가 없었다. 예장 사람인 주탁과 오홍 사람인 장부, 가흥 사람인 고손지와 같은 사람들은 서문과 발문을 지어서 이숭인의 문장이 지닌 아름다움을 칭송했다. 어찌 한 나라에서만 소중하게 여기고, 한 시대에만 명성을 떨치고 말겠는가? 진실로 옛 사람들의 문장을 뛰어넘은 사람이라고 할 만하다.

고려가 개국한 후 5백여 년 동안 잘 기르고 가르쳐, 수많은 인재와 아름다운 문헌이 중국과 비교할 만했다. 그러나 세상에 명성을 떨친 사람으로 말하자면, 이색의 풍부함과 이숭인의 우아함이 있을 뿐이다. 나라의 운세가 쇠락하는 시점에 태어나 그 문장이 더욱 떨치고 드러났으니, 이는 수백 년 동안 잘 기르고 가르쳐 온 뿌리가 마침내 결실을 맺은 것이라고 할 수 있다.

조선을 개국한 태조 임금이 하늘의 뜻을 받은 뒤에 이숭인의 재주를 아껴 불러 중용하려고 했는데, 안타깝게도 사망하고 말았다. 참으로 기막히고 슬픈 노릇이다.

이숭인이 예전에 성균관의 시험관이 되었는데, 그때 태종 임금이 잠저에 있으면서 과거에 합격했다. 태종 임금은 즉위한 후 매번 경연에 나올 때마다 옛 스승이었던 이숭인의 의로움을 생각하였다. 또 이숭인의 두 아들이 벼슬길에 나와 있어서, 하명하여 유고집을 발간하여 그 명성을 보존하도록 하였다.

이숭인을 예우하고 학문의 스승으로 삼아 그 문헌을 소중하게 여기며, 절개와 의로움을 기리고 권하므로 서문을 쓴다.

권근, 『동문선』 '도은 이숭인의 문집에 붙여 陶隱李先生崇仁文集序'

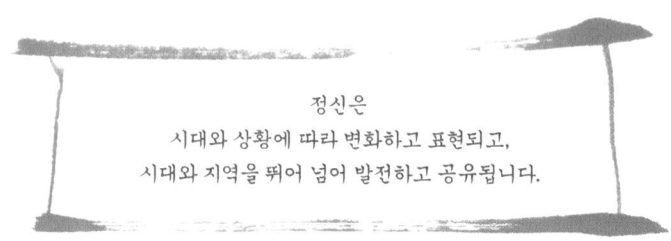

정신은
시대와 상황에 따라 변화하고 표현되고,
시대와 지역을 뛰어 넘어 발전하고 공유됩니다.

옛 문장을 근거 삼아
오늘의 문장을 비평하지 말라

_ 문장 비평

　세상에는 스스로 안목이 높다고 뽐내며 자랑하는 자들이 있다. 그들은 다른 사람이 힘써 지은 문장을 보고 도연명, 위응물, 반고, 사마천의 옛 문장을 근거로, 아름답고 훌륭한 문장과 작품인데도 옛 문장만 같지 않다고 배척한다.

　또한 배움의 길에 갓 들어선 어린 아이나 여항閭巷, 민가의 천한 신분인 사람이 지은 글에 대해서도 모두 옛 작가의 글을 들어 나무라기만 할 뿐, 좋다거나 뛰어나다거나 훌륭하다고 칭찬하는 말은 절대로 하지 않는다.

　내가 이러한 부류의 사람들은 뜻이 비천한 자들이라고 말하자, 어떤 사람이 그 이유에 대해 물었다. 그래서 나는 이렇게 말해 주었다.

　"나이가 70~80세 되는 노인이 50~60세 되는 사람을 가리켜 젊은 사람이라고 했네. 그러자 그 50~60세 되는 사람이 '어르신이 나를 보고 늙은이라고 한다면 더욱 존경을 받으시지 않을까요?'라고 말했네.

  남들이 지은 평범한 글을 보고 모두 훌륭한 작품이라고 말한다면, 세상의 훌륭한 작품은 전부 나보다 아래에 위치하게 되네. 그렇게 되면 나는 더욱 높아진다고 할 수 있지 않겠나? 이제 막 배움의 길에 들어서는 어린 아이나 천한 신분에 있는 사람이라도 모두 도연명이나 위응물 혹은 반고와 사마천으로 대한다면, 또한 내가 더욱 높아지지 않겠는가?"

  남의 작품을 볼 때는 마음속으로 '이런 자에게 뭐 볼 만한 것이 있겠어?'라고 생각하다가 한 마디 훌륭한 말이라도 들으면 칭찬하기에 이른다. 그러나 이제 마음속으로는 먼저 '이 사람은 반드시 옛 작가의 문장 수준이어야 한다'고 말한다.

  어떻게 요즘 세상에 옛 작가의 문장 수준을 갖춘 사람이 많을 수 있겠는가? 그리고 명문으로 이름을 떨친 옛 문장가들이 그처럼 많을 수 있다면 어떻게 자신이 문장을 한다고 할 수 있겠는가?

  다른 사람의 글을 비평하는 일은 다만 그 글이 얻고 이룬 것에 따라 살펴야 한다.

홍길주, 「수여연필」

일단 아니라고 하면 있어 보이나 봅니다.
사실 십중팔구는 맞겠지요.
하지만
이것저것 다 아니라고만 할 거면 비평은 왜 합니까?

순수하고 독실한 자질을 갖추다

_ 김세규 비평

　고고한 선비의 높은 관을 머리에 쓰고 널찍한 소매에 팔짱을 낀 채 공손히 꿇어앉아 지그시 눈을 감고서 의연하기가 진흙으로 빚은 인형같다고 어찌 모두 도학군자道學君子이겠는가? 또 이를 두고 입을 다물지 못해 번갈아 기리는 사람이 어찌 모두 사모하고 기뻐한다고 하겠는가? 자신의 고통과 수고로움을 이익으로 보상받지 않아도, 힘써 노력하는 것과 가까이 해 보았자 아무런 영화가 없는데도 자신을 굽히고 나아가는 것이야말로 도학이요, 사모함에 거짓이 없다고 할 수 있다.
　우리나라는 신분 높은 문벌만 높이고 기려 평범한 집안에서 태어난 사람은 학문을 꿰뚫고 이치에 통달했다 하더라도 나라에서 불러 예우하는 사례를 찾아보기 힘들다. 또한 지체 높은 사대부도 교제를 맺어 명예를 높여 주려고 하지 않는다. 반면 신분이 높고 권세를 지닌 집안의 자손은 아침에 이론에만 매달려 탐구하다가도 저녁에는 요직에 오르는 사례가 자주 일어난다. 이 때문에 서민 집안에서 태어나 학문을 갈고 닦는 사람이 거의 사라지게 되었다.

내가 예전에 전라도 화순 지방에서 노닐며 공부할 때에 겨우 한 사람을 얻었는데, 그 사람이 바로 우송일사 김세규다. 그의 신분은 심부름하는 하인의 형이요, 지위는 맑으나 가난한 선비에 불과했다. 그가 죽은 지 180년이 지났는데, 그 자손은 나무하고 풀 베는 농사꾼 신세를 벗지 못했다. 그러나 그 스승은 곤재 정개청이었고, 학문을 나눈 벗은 우복 정경세와 지봉 이수광이었다. 김세규의 기풍과 몸가짐을 우러르고 의로움을 사모해, 진심과 정성을 다해 남긴 저술들을 찾아 모으고 혹시 없어지지나 않을까 염려한 사람은 진사 조태서였다.

이로써 김세규가 참다운 사람을 참답게 여기고, 선한 사람을 좋아하여 사사로운 이익과 욕망에 마음을 두지 않았다는 사실을 짐작해 볼 수 있다. 또한 다른 사람을 뛰어넘어 학문과 기예에 높은 경지를 이루기 위해 힘껏 실천하고, 덕스러운 성품이 드러나 상서로운 기린과 위엄 있는 봉황의 모습을 하고 있었으리라 상상할 수 있다. 그래서 죽은 다음에도 세상 사람들에게 끼친 기풍과 몸가짐 그리고 남겨 놓은 글들이 사라지지 않았음을 또한 알 수 있다.

김세규가 이러한 사람이 아니었다면 정개청은 왜 그에게 가르침을 베풀고, 정경세와 이수광은 무엇 때문에 자신을 굽혀가면서까지 그와 친구가 되었겠는가? 또한 조태서는 말과 행동에 거리낌이 없고 소탈해 법도에 얽매이지 않는 사람인데, 무엇 때문에 고생스럽게도 잘리고 헤진 종이에서 그가 남긴 글들을 모으고 엮어 세상 사람들에게 오래도록 읽혀지기를 바랐겠는가?

내가 예전에 그 남겨 놓은 글들을 읽어 보았다. 그런데 시는 단약丹藥, 신선이 만든다는 장생불사의 영약의 처방인 듯 도가道家의 비결인 듯 했으나, 탁월하고 굳세며 우수에 잠겨 있어 감동을 불러일으키기에 충분했다. 또한 학문은 성리학을 태산교악처럼 높이기는 하였으나, 장구나 훈고의 말단에 이르러서는 구차하게 하나가 되려고 하지 않았다. 순수하고 독실한 자질을 갖춘 걸출한 사람이라고 할 만하다.

저 밖으로는 호랑이 가죽을 뒤집어쓰고 안으로는 돼지 창자에 버티고 서서, 명예를 도둑질하고 녹봉을 훔치는 자들은 아마도 부끄러움을 느낄 것이다. 그들이 부끄러움을 느끼지 못한다면 내가 공을 위해 화순에 '김공향金公鄕'이라는 사당을 세워 그들을 부끄럽게 만들겠다.

정약용,「여유당전서」'우송집에 붙여友松集序'

부러움은 밖으로 향한 눈
부끄러움은 안으로 향한 눈

부러움은 가끔 남부끄러운 짓을 시키지만,
부끄러움은 결국 남부끄러운 일을 막아줍니다.
남부끄럽지 않은 것이 남부럽지 않게 사는 길입니다.

보여 주어야 할지 말아야 할지
_ 비평론

　나는 타고난 성품이 졸렬한 탓인지 내 글을 다른 사람에게 보여 주기를 좋아하지 않는다. 이 때문에 지은 글 중 마음에 쏙 드는 작품이 있어도 더러 형님이신 연천 홍석주에게도 보여주지 않았다. 이는 나의 단점이라고 할 만하다.
　학문이나 문장의 길에 갓 들어선 사람은 지은 글이 있으면 실력을 갖춘 사람에게 보여 주어서 이로움을 구해야지, 나를 따라 배워서는 안 된다. 다만 문장의 병폐에 대해 지적 받기를 원할 뿐 절대로 명예를 구하는 마음을 가져서는 안 된다. 또 마땅히 항상 마음속으로 따라 배우기를 원하는 대가大家에게 보여야지, 만나는 사람마다 모두 보여 주어 뽐내고 자랑하려 한다는 의혹을 받아서는 안 된다. 항상 자신이 지은 글을 다른 사람에게 보여 주면서도 꾸지람 듣는 것을 싫어하는 사람이라면, 도리어 나처럼 애초부터 보여 주지 않는 게 낫다.

  나는 간혹 내가 지은 글을 다른 사람에게 보여준다. 그때 내 글을 본 사람들의 비평을 들어 보면, 실제보다 지나치게 칭찬하거나 결점을 지적한다 하고서는 제대로 들어맞지도 않는 주장을 늘어 놓곤 한다. 다른 글자로 바꾼 사례도 있었는데, 크게 잘못되어 있었다. 문장에 익숙하다고 이름을 떨친 사람들이라고 하더라도 마찬가지였다. 그래서 나는 다른 사람에게 글을 보여 주는 일에 대해 언제나 고민한다. 내 글에 대한 비평을 구차스럽게 따르기도 어렵고, 또 거부하자니 자신만 옳은 줄 안다고 사람들이 비방할까봐 두렵기 때문이다. 이런 이유로 나는 다른 사람에게 내 글을 잘 보여 주지 않는다.

  자신이 지은 글을 반드시 다른 사람에게 보여 주면서, 칭찬하지 않으면 마음이 근질거려 스스로 어느 곳이 좋다고 말해 칭찬을 유도하는 사람이 있다. 또한 다른 사람이 아직 말도 꺼내지 않았는데 스스로 뽐내고 자랑해, 그 사람이 어쩔 수 없이 칭찬하도록 만드는 사람도 있다. 모두 남몰래 비웃음을 살 만한 짓이다. 이 같은 일은 자신도 미처 깨닫지 못하는 사이에 쉽게 저지른다. 마땅히 자신을 반성해야지, 나는 다른 사람과 다르다고 비웃을 일이 아니다. 어떤 사람이 이렇게 말했다.

  "자신이 지은 글을 외워 두었다가 친구들과 어울리는 자리에서 한두 편 보여 주는 일은 항상 있었다. 그러나 큰 두루마리나 책 전체를 다른 사람에게 보여 주어서는 안 된다. 그 글을 본 사람들이 기이한 보배라도 얻은 것처럼 정신없이 보느라 밥 먹는 것조차 잊으면 좋겠지만, 글이 번잡스럽고 길기만 하다고 앞부터 끝까지 살펴보는 것을 고통으로 생각한다면 어떻게 할 것인가? 보여 달라고 여러 번 부탁하고, 또 여러 번 애써 사양한 다음에 보여 주어야 한다."

홍길주, 『수여연필』 및 『수여난필』

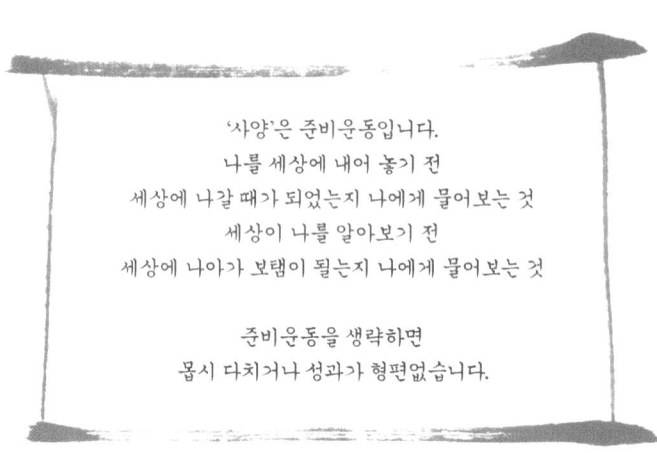

'사양'은 준비운동입니다.
나를 세상에 내어 놓기 전
세상에 나갈 때가 되었는지 나에게 물어보는 것
세상이 나를 알아보기 전
세상에 나아가 보탬이 될는지 나에게 물어보는 것

준비운동을 생략하면
몹시 다치거나 성과가 형편없습니다.

나 스스로를 비평한다
_ 허목 자평

　나는 타고난 재주와 지혜가 부족했다. 그래서 평생토록 글을 읽었지만, 글을 좋아해서라기보다는 부족한 점을 채우기 위한 노력이었다. 또한 세상의 풍속을 좇는 글을 좋아하지 않고, 하나라·은나라·주나라 시대의 고전들을 즐겨 읽었다. 그럼에도 얻은 것은 별로 없고, 여전히 글 읽기를 좋아할 뿐이다.
　옛 3대의 고전 이후로는 『좌전』, 『국어』, 『전국책』과 선진 시대의 옛 책 그리고 『한서』, 『사기』와 사마상여의 시부, 양웅의 『법언』을 비롯해 제자백가들까지 두루 읽었다. 그 이후 시대의 글 가운데에서는 한유와 유종원이 가장 고문에 가깝다고 할 수 있다. 이에 나이 60이 넘어서까지 만여 번을 넘게 읽었다. 그래서 나는 『서경』의 「우서」와 「하서」에 실려 있는 심오하고 우아한 옛글에는 못 미친다고 하더라도 『시경』 「상송」의 고풍스러움과 오묘함, 「주고」의 난해함, 선진 시대 고문의 웅대함과 굳셈, 전한 시대의 방대함은 얼마든지 따라갈 수 있다고 여겨왔다.

그런데 돌이켜 생각해 보면, 타고난 자질이 둔하고 어리석은 탓인지 도저히 미칠 수가 없었다.

제자백가의 글은 괴이하고 지나치게 넓어 유학의 경전이 담고 있는 우아함만 못하다. 나는 이미 나이가 70~80을 넘겼다. 그동안 문장을 열심히 공부했고, 또 깊이도 있다고 말할 수 있다. 그래서 마음속으로 이미 무궁한 경지에 도달했다고 생각하기도 했다. 그러나 옛 사람을 쳐다보면 그 탁월함을 도저히 따라갈 수가 없다. 어찌 옛 사람의 경지를 따라갈 수 있겠는가?

문文이란 천지 자연의 문장으로, 사람의 지혜와 기예로는 미칠 수 없다. 아득한 옛날 복희씨는 하도의 법칙을 모방해 역易 팔괘八卦와 문자를 만들어 온 천하가 두루 통하게 했다. 그 문文이 하늘에서는 해와 달과 별이 되고 인간 세상에서는 예악문장이 되었다. 그리고 문장의 융성과 쇠락은 세상을 다스리는 도리의 높고 낮음에 따라 달라졌다.

내가 글을 짓는 일에 매달려 온 지가 벌써 90년 가까이 된다. 옛 사람을 따라가기에는 부족하다고 해도 늙어 쪼그라질 때까지 옛 사람의 글을 즐겨 읽었으므로 '옛 사람의 도당徒黨'

정도는 될 수 있을 듯싶다. 늙어 저술한 글들이 요즘 세상 사람들에게는 참으로 쓸모 없는 헛글이겠지만, 그래도 차마 버리지 못하고 제각각 나누고 모아 하나의 책을 만들었다.

  인간의 타고난 성품과 하늘의 뜻, 하늘의 근본에서부터 인간 세상의 일에 이르기까지 선과 악·사악함과 올바름·삶과 죽음·시작과 끝이며, 과거와 현재의 변화·다스림과 혼란·흥함과 망함 그리고 교묘·체상·해악·천독과 귀신·백사에 관한 의례규칙과 예절, 충신·열사·효, 효자·열녀의 착한 행실, 우리의 민요와 풍속·토산물, 우리나라 밖의 온갖 진귀한 사물들, 곤충·풀과 나무·천재지변과 괴이한 일·요사스러운 귀신과 괴상한 물건 등을 모두 드러내고 밝혀 저술했다. 늙은이가 매우 망령된 일을 했구나 하는 생각도 들었지만, 이것이 내가 『기언記言』을 지은 배경이다. 나 스스로를 비평한 글 573언을 지어 적는다.

허목, 『미수기언』 '나 스스로를 비평한다自評'

독서에는 정년이 없습니다.
어려서부터 하면 바른 사람이 되고
젊어서부터 하면 똑똑한 사람이 되고
나이 들어서까지 하면 넉넉한 사람이 됩니다.

글쓰기에는 은퇴가 없습니다.
어려서 나가라는 사람도 없고,
젊어서 안 된다는 사람도 없고,
늙어서 그만하라는 사람도 없습니다.

제봉 고경명은 용과 같은 사람이다
_ 고경명 비평

　세상 사람들은 모두 호남에 시인이 많다고들 한다. 그 가운데에서도 제봉 고경명이 가장 뛰어났다. 또한 임진왜란이 일어났을 때 호남에는 의병이 많았다고 하는데, 역시 고경명이 가장 먼저 의병을 일으켰다. 이 때문에 왜적을 물리친 후 조정에서는 절개와 의로움을 위해 죽은 선비들에게 상을 내리면서 고경명을 으뜸으로 세워 칭송했다.

　이로 인해 예전에 고경명의 시가 누렸던 명성이 잠겨 버리고 드러나지 않았다. 예전에는 시를 잘하다가 뒤에는 그보다 못해서가 아니다. 시보다 그 절개와 의로움을 더 소중하게 여기다 보니, 시가 가려졌을 뿐이다.

　달이 밝으면 별이 잘 보이지 않는 것은 하나가 융성하면 다른 하나는 빛을 잃어 버리는 원리다. 당나라 시대의 충신 장수양은 천하의 절묘한 문장을 지녔지만, 후세에 남긴 작품은 '문적聞笛' 한 편뿐이다. 더욱이 시를 남겼다는 말은 들어 보지 못했다. 예를 들어 장수양이 태평한 세상을 만났더라면, 천년을 훌쩍 뛰어 넘어 요즘 세상에 칭송을 듣지 않고 그 당시 절묘한 문장의 영예로움을 누렸을 것이다.

그러나 제봉 고경명이 어려운 세월을 만나 물러나 앉아 있을 때에는 온 세상이 그의 시를 외웠고, 왜란을 만나 나갈 때에는 온 세상이 그 업적을 훌륭하게 여겼고, 죽음에 이르러서는 온 세상이 절개와 의로움을 높이 우러르고 사모해, 그가 있는 곳이면 어디나 명성이 따라 옮겨 다녔다고 할 수 있다.

그는 용과 같은 인물이다. 하늘로 오른 용을 보고 '용은 본래부터 하늘에 있다'거나 땅에 내려온 용을 보고 '용은 본래 밭에 있다'거나 물 속에 잠겨 있는 용을 보고 '용은 본래 연못에 있다'고 한다면, 이런 사람에게 어찌 용을 안다고 할 수 있겠는가?

제봉 고경명이 세상을 떠난 지 22년이 되는 해였다. 그의 아들 용후가 기조랑으로 있으면서 제봉의 시 몇 편을 들고 나를 찾아와 문집을 간행해 달라고 청하면서 이렇게 말했다.

"아버님께서 일찍이 아무리 많은 시가 있다고 해도 세상에 퍼져 돌아다니는 것은 4~5권을 넘지 않아야 한다고 말씀하셨습니다. 저는 아버님의 뜻에 따르고 싶습니다."

당시 나는 주제넘은 행동이라는 사실조차 헤아리지 않고

제봉의 시를 가려 뽑았다. 그런데 그 다음 해에 다시 그 문집의 첫 머리에 한 마디를 얹어 달라고 부탁했다. 제봉의 아들 고용후는 나의 무엇을 믿고 이토록 글을 써 달라고 부탁하는 것일까?

  나는 죄를 짓고 버림받은 몸으로 노원에 은거해 살고 있다. 삼각산과 도봉산이 앞쪽과 왼쪽에 병풍처럼 둘러쳐 있고, 유암산과 수락산은 오른쪽과 뒤쪽으로 늘어서 있다. 그리고 그 한가운데에 너럭바위가 있어 물이 졸졸 흐르고 있다. 매번 바람이 고요하고 비가 온 다음에는 각건을 쓰고 바위에 걸터앉아 눈과 귀로 맑은 물과 푸른 산을 즐긴다. 그러면 조물주와 더불어 크고 넓은 들판에서 노니는 듯하다.

  제봉의 문집이 간행되는 날을 기다렸다가 나의 청석상靑石牀에 올려 놓으면 은은하게 남아 감도는 소리가 온 골짜기에 부드럽게 울려 퍼질 것이다. 그때 그 시를 만 번 정도 소리쳐 외고 나면 삼천三天을 오른 사람도 부럽지 않을 것이다.

이항복,「백사집」'태헌집에 붙여苔軒集序'

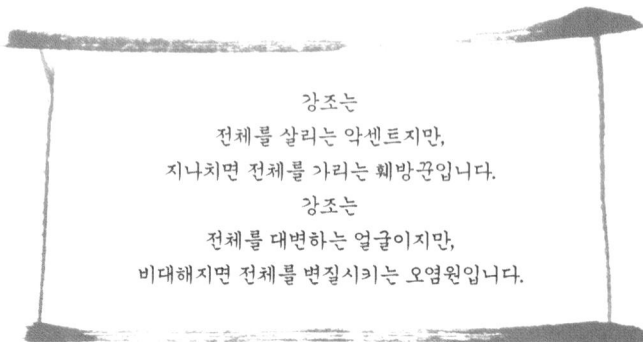

강조는
전체를 살리는 악센트지만,
지나치면 전체를 가리는 훼방꾼입니다.
강조는
전체를 대변하는 얼굴이지만,
비대해지면 전체를 변질시키는 오염원입니다.

역사를 기록하는 붓끝이 부리는 조화

_ 역사가 비평

경당 윤정진과 역사에 관해 토론하던 중에 나는 이렇게 말했다.

"역사의 기록 또한 어느 한쪽으로 치우친 감이 있어 공정하지 못한 곳이 있기 때문에 다 믿을 수는 없다. 급암은 본래 의협심이 강하고 거칠며 고집불통인 사람이었고, 공손홍은 대학자였다. 다른 역사가를 만났다면, 어떻게 등급이 매겨졌을지 도대체 알 수 없는 일이다. 위청과 곽거병은 여러 장수들 가운데에서도 전쟁의 공로가 가장 뛰어난 반면 이광은 수차례 패해 포로가 되었다. 그러나 사마천은 하늘이 내려준 행운이라거나 여러 차례 기이했다는 한두 마디 말로 이들의 전공을 뒤집어 기록해 놓았다.

이로 인해 이광은 영원토록 남을 명장의 반열에 올랐고, 위청과 곽거병은 그보다 못한 장수로 남고 말았다. 다른 사람이 역사에 기록을 남겨, 어떤 뜻을 품지 않고 사실만을 그대로 드러냈더라도 위청과 곽거병을 우러러 높이고 이광을 깎아 물리쳤을 것이다. 이런 사실이 어찌 역사가의 취향에 따라 어느 한쪽으로 치우친 편견이라고 하지 않을 수 있겠는가?

역사적 사실을 잘 기록하는 사람은 굳이 붓을 돌려 쓸 필요 없이 원래 일어난 사건을 있는 그대로 서술한다 하더라도, 누구나 무엇이 올바르고 잘못되었는가를 판단할 수 있는 큰 기준이 있는 법이다.

예를 들어 아무개가 행한 어떤 일에 대해 두 사람에게 기록하라고 하면, 한 사람은 한 마디 말도 바꾸거나 보태지 않고 군자로 그려내는 반면, 다른 한 사람은 한 마디 말도 바꾸거나 보태지 않고서 소인으로 그려낸다. 역사를 기록하는 붓끝이 부리는 조화가 이와 같다. 사정이 이러한데, 어떻게 역사의 기록이라고 다 믿을 수 있다고 하겠는가?

어떤 사람은 단지 사마천의 역사 기록만 살펴보더라도, '위청은 신중하고 성실하며 후덕한 사람이기 때문에 일을 삼가고 잘 계획하여 지위를 얻었고, 이광은 거칠고 사나운 사람이어서 호랑이와 맨손으로 맞서 싸우고 황하를 걸어서 건너는 무모한 사람이다.'라고 말한다.

이처럼 사마천이 자신이 좋아하고 싫어하는 것에 따라 어떤 사람은 힘껏 높이고, 어떤 사람은 애써 깎아내렸지만, 그 본래 모습을 모두 가릴 수는 없었다. 이것만 보더라도 두 사람의 우열은 판별할 수가 있다."

홍길주, 『수여난필』

> 역사가는
> 굽은 것을 펴거나,
> 곧은 것을 구부리는 사람이 아닙니다.
> 있는 그대로를 보고 기록하는 사람이고,
> 숨은 뜻과 얽힌 맥을 짚어 해석하는 사람입니다.

하늘과는 통하면서
사람과는 통할 수 없단 말인가
_ 현옹 비평

　현옹玄翁은 도대체 어떤 사람인가? 세상에 문장으로 이름을 떨쳤지만, 현옹 자신은 문장을 일삼지 않았다. 벼슬을 해 조정에서 두각을 나타냈으나, 현옹 자신은 벼슬에 마음을 두지 않았다. 죄를 짓고 먼 곳에서 귀양살이를 했으나, 현옹 자신은 죄에 신경 쓰지 않고 결코 흔들리지 않았다. 남달리 즐기거나 좋아하는 취미도 없고 특별히 계획을 갖고 하는 일도 없다. 가난하지만 부자처럼, 풍요로워도 오히려 부족한 듯 행동한다. 교제를 할 때도 다른 사람이 현옹을 가깝게 대하거나 멀리 대하지 못하고, 더러 물건을 얻더라도 현옹을 얽어매지는 못했다.
　어린 시절부터 공부에 뜻을 두어, 온갖 학문을 두루 거치면서 그 근본은 모두 밝히지 못했으나 얻은 바가 있었다. 책이라면 보지 않은 책이 없고, 책 이외에 마음 쓰는 곳이 없어서 하루가 다 가도록 저속한 사람은 감히 근처에 오지 못했다.

현옹이 사귄 벗들은 모두 한 시대의 최고 명사들이다. 현옹을 아는 사람은 많았지만, 어떤 사람은 문장으로 알기도 하고 어떤 사람은 실행한 사업으로 알기도 한다. 백사 이항복이 현옹과 이웃해 살았는데, 그는 현옹의 취향과 조예를 잘 알았다. 현옹 또한 백사를 누구보다도 잘 알고 있었다. 백사는 직언을 하다가 죄를 얻어 귀양을 가 황량하고 적막한 북녘 땅에서 숨을 거두었다. 당시 현옹은 심장이 끊어지는 듯한 아픔을 느껴 인간 세상에 다시는 뜻을 두지 않았다. 현옹 또한 귀양살이를 하면서 일찍이 '스스로 비평한 글'을 지었다.

"현옹이라고 하고 보니, 이가 빠지고 머리카락이 없어지고 얼굴도 야위고 몸도 수척해 옛날의 현옹이 아니다. 그래서 현옹이 아니라고 하자니, 진흙 구덩이 속에서도 때가 끼지 않고, 궁색할수록 더 평화로운 것을 보면 옛날의 그 현옹이 맞다. 현옹이 아니라고 해야 옳은가, 현옹이 맞다고 해야 옳은가? 나도 나를 모르겠다.

그러나 옛날의 내 모습을 잃지 않고 있으니, 옛날의 현옹이 아니라고 해도 왜 옛날의 그 현옹이 아니겠는가? 천지도 한 손가락이고 만물도 한 마리 말인데, 일체의 사물을 구성하는 사대四大가 모였다고 한들 무엇이 진짜고, 무엇이 가짜란 말인가? 현옹은 하늘과는 통하면서도 사람과는 통할 수 없단 말인가? 하늘이든 사람이든 장차 태어나 죽음에 이르도록 크고 넓은 길을 가겠다."

저술로는 「구정록」과 「화도시」 그리고 잡문과 잡시 약간이 있다. 세상에 현옹을 아는 사람이 없어도, 훗날 아침 저녁으로 그를 만날 사람이 있을 것이라고 어떻게 바라겠는가? 현옹의 별장이 금촌의 상두산 아래에 있어서 호를 상촌거사象村居士라고도 하고, 사람들이 현옹이라고 불러 그냥 현옹이라고 하기도 한다.

신흠, 『상촌집』 '현옹이 스스로를 비평하다玄翁自敍'

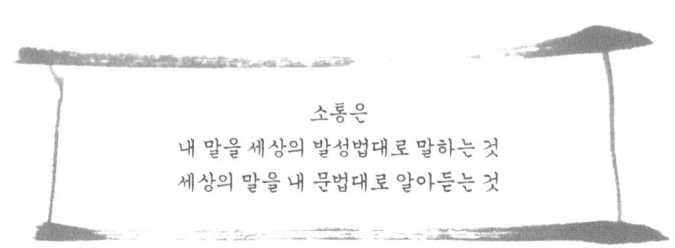

소통은
내 말을 세상의 발성법대로 말하는 것
세상의 말을 내 문법대로 알아듣는 것

다른 사람이 지은 글을 비평하는 올바른 방법

_ 비평론

　다른 사람이 지은 문장을 보고 칭찬을 아끼지 않는 사람은 스스로도 글을 잘하는 사람이라고 할 수 있다. 반면 다른 사람의 문장을 보고 헐뜯고 깎아내리는 일을 즐겨하는 사람은 스스로도 별로 아는 것이 없는 사람에 불과하다. 들은 것이 적고 아는 것이 부족한 사대부는 다른 사람을 헐뜯고 배척하는 일을 두고 안목이 높다고 생각한다.

　다른 사람의 문장을 비평하면서도, 그 사람이 마음속으로 받아들이도록 하는 방법이 있다. 내가 지은 글이 그 사람의 글보다 훌륭할 때 비평하면 받아들인다. 그 사람이 지은 글이 내가 일찍이 저지른 실수로 다시 하지 않게 된 것이라면, 그 비평을 마음속으로 받아들인다. 또한 그 사람이 글의 뿌리, 근거로 삼고 있는 것을 내가 이미 환하게 꿰뚫고서 하나하나

따져 깨뜨리고 아울러 근거로 삼을 수 없는 여러 가지 이유를 들어 비평한다면 마음속으로 받아들인다. 이 세 가지 방법으로 능숙하게 비평할 수 있는 사람은 '거장'이라고 할 수 있다.

거장은 이제 갓 배움의 길에 들어선 사람의 보잘것없는 글에 대해 가볍게 비판하거나 배척하지 않는다. 간혹 책에 가득한 결점을 보고도 온통 잘했다는 칭찬만 늘어 놓는다. 이 때문에 칭찬을 들은 사람은 스스로 만족하게 되고, 자신의 글을 칭찬하지 않는 사람을 보고 시기심과 질투심 때문에 그렇다고 여기게 된다. 이런 행동은 그 사람이 깨닫지 못하기 때문이기도 하지만, 거장이 자신의 신분과 위치만 돌아보고 진실한 비평을 하지 않아 사람들이 더욱더 발전할 수 있도록 깨우치지 못하기 때문이기도 하다.

홍길주, 「수여난필속」

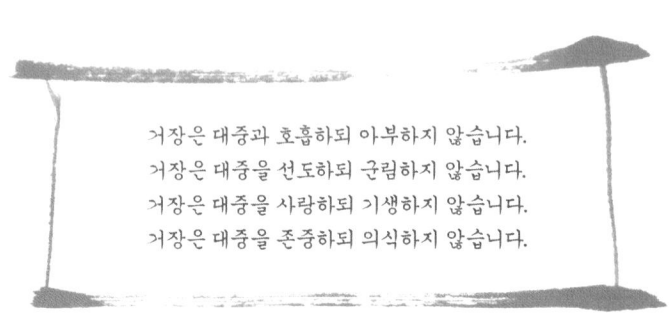

거장은 대중과 호흡하되 아부하지 않습니다.
거장은 대중을 선도하되 군림하지 않습니다.
거장은 대중을 사랑하되 기생하지 않습니다.
거장은 대중을 존중하되 의식하지 않습니다.

시가 사람을 궁색하게 만든다는 주장에 대한 변론

_ 시 비평

　옛 사람들은 가난하고 궁색한 사람들 중에서 시를 잘 짓는 사람이 많이 나오고, 이름 있는 시인들 대부분이 곤궁하고 궁색했다는 이유를 들어 이렇게 말을 한다. "시는 사람을 가난하고 궁색하게 만든다." 그러나 다른 사람이 모두 이 의견에 동조한다고 해도 나는 따르고 싶지 않다.

　하늘의 빈궁貧窮, 가난하고 궁색함이나 영달榮達, 부귀영화와 출세과 인간 세상의 가난하고 궁색함 또 부귀영화와 출세는 그 뜻과 취향이 다르다. 인간 세상에서 출세해 부귀영화를 누리는 사람이라고 해서 반드시 하늘에서도 출세해 부귀영화를 얻은 사람이라고 말할 수는 없다. 또한 인간 세상에서 가난하고 궁색한 사람이 하늘에서는 크게 이름을 얻어 높은 자리를 차지한 사람인 줄 어떻게 알겠는가? 내가 시험 삼아 이 문제에 대해 밝혀 보겠다.

  사람들은 항상 이렇게 말한다. "어진 사람은 반드시 오래 살고, 덕을 갖춘 사람은 반드시 걸맞은 지위를 얻는 법이다." 여기에서 말하고 있는 수명과 지위가 바로 세상 사람들이 말하는 '영달'이라고 할 수 있다. 그렇지만 공자가 가장 아끼는 제자였던 안회는 어진 사람이었지만 30세의 나이에 요절했고, 공자는 위대한 성인이었지만 평생토록 필부로 지냈다.

  이렇게 보면, 공자와 안회 두 사람은 세상 사람들이 말하는 가난하고 궁색한 사람이라고 할 수 있겠다. 그러나 가난하고 궁색했지만, 공자와 안회야말로 크게 이름을 얻어 높은 자리를 차지할 수 있는 요소를 간직하고 있는 사람이라는 사실을 누가 알았겠는가?

  안회는 수명을 제대로 누리지 못했으나, 죽은 다음에도 사라지지 않고 온 천하에 널리 이름을 알려 더욱 빛을 발하고 있다. 공자는 평생토록 높은 지위를 얻지 못했으나, 죽은 다음에는 영원토록 온 천하의 한가운데에서 가장 높은 자리를 차지하고 있다. 이렇게 보면, 공자와 안회가 '영달'하지 못했고 다만 '빈궁'했을 뿐이라는 말은 빈궁과 영달의 의미를 제대로 알지 못하는 어리석음이라고 하겠다.

  세상에서는 사람의 귀하고 천함 그리고 풍족하고 궁핍함에 따라 함부로 '영달'했다거나 '빈궁'하다는 평가를 내린다. 그러나 세상에 드리워진 이름이 얼마나 아름답고 더러운가를 따져 살펴보아야만, 하늘이 진정 그 사람을 빈궁하게 했는지 아니면 영달하게 했는지를 알 수 있다. 인간 세상에서 뜻을 얻지 못했다 하더라도 하늘의 뜻에 걸맞고, 인간 세상에서 인정을 받지 못했다 하더라도 하늘의 진정한 평가를 받은 사람이야말로 내가 말하는 '영달한 사람'이라고 할 수 있다.

물론 시는 보잘것없는 기예에 불과하다. 도덕의 위대함과 어떻게 비교할 수 있겠는가? 그렇지만 부귀처럼 눈에 드러나는 것과 비교해 본다면 하늘이 내려준 것이라고 할 수 있다. 마음속의 은밀하고 미세한 부분을 펼쳐 보이고 조화의 오묘함을 찾아내므로, 아름다운 비단도 그보다 화려하지 않고 금은보화도 그보다 진귀하지 않다. 시의 밝고 맑고 쾌활함은 악기로도 연주할 수 있고, 시의 그윽함은 귀신조차 감동시킨다.

이런 자질을 얻어 시인이 되는 것이 어찌 또한 우연이라고만 할 수 있겠는가? 아마도 하늘의 정기가 시인에게 탁월한 능력과 오묘한 생각을 주었을 게다. 해와 별의 찬란한 광채나 비바람의 격렬한 변화도 시 짓는 사람의 공력을 다 설명하지 못한다. 이 때문에 시가 보잘것없는 하나의 기예에 불과하다고 하더라도 대자연의 변화와 서로 통한다고 할 수 있다. 하늘이 이런 재주와 능력을 사람에게 준 이유는 영원토록 명성을 이루도록 함이니, 구차스럽게 한때의 빈궁과 영달쯤은 논할 필요도 없다.

한번 세상에서 뜻을 얻지 못하면 다른 사람보다 이름이 앞서지도 않고, 또 다른 사람을 굴복시킬 만한 세력도 갖지 못한 채 초췌하고 고통스러운 모습으로 처참한 생활을 하게 된다. 이 때문에 두보는 주린 배를 움켜쥔 채 황야를 헤매야 했고, 맹호연은 짧은 무명옷 하나로 버티다 죽었고, 이하는 젊은 나이에 죽었고, 진삼은 얼어서 죽었다. 이외에도 타고난 재주와 능력을 품은 채 어렵게 생활한 시인들이 이루 헤아릴 수 없이 많았다.

이렇게 보면, 시가 사람을 가난하고 궁색하게 만든다는 세상의 말이 전부 틀렸다고 할 수 없다. 그러나 멀리까지 전해지는 명성으로 말하자면, 원수도 감히 그 부족함을 말할 수 없고, 임금과 재상도 그 명예를 빼앗을 수 없다. 덮으려고 하면 할수록 더욱 드러나고 갈아 없애려고 하면 할수록 더욱 빛이 난다. 반대로 아무런 재능도 없으면서 한때나마 부귀영화를 누리다가 닳아 없어져 후세에 기록조차 되지 않는 사람에게 평생 동안 누린 부귀는 하나도 남김 없이 초목과 함께 썩어가고 영달은 하루살이와 함께 사라지고 만다. 그렇다면 이른바 세상 사람들이 말하는 '영달'은 누구의 소유라고 해야 하는가?

세상에서는 금은보화를 많이 가지고 있으면 부유한 사람이라고 말한다. 또한 초헌을 타고 면류관을 쓰고 있으면 고귀한 사람이라고 말한다. 그러나 금은보화보다 더 값지고 초헌이나 면류관보다 더 고귀한 것이 있다는 사실을 누가 알겠는가?

몸에 두른 부귀를 두고서도 영달했다고 말하는데, 기예와 예술을 지녀 부귀한 사람을 두고 가난하고 궁색하다고 말할 수 있겠는가? 또 한때나마 이름을 떨친 사람을 두고서도 영달했다고 말하는데, 하늘에서 영달한 사람을 두고 이름을 떨치지 못했다고 말할 수 있겠는가? 이렇게 볼 때, 시가 사람을 가난하고 궁색하게 만든다는 것이 옳은 말인가 아니면 사람을 부유하고 출세하게 만든다는 것이 옳은 말이겠는가?

장유, 『계곡집』
'시가 사람을 가난하고 궁색하게 만든다는 주장에 대한 변론 詩能窮人辯'

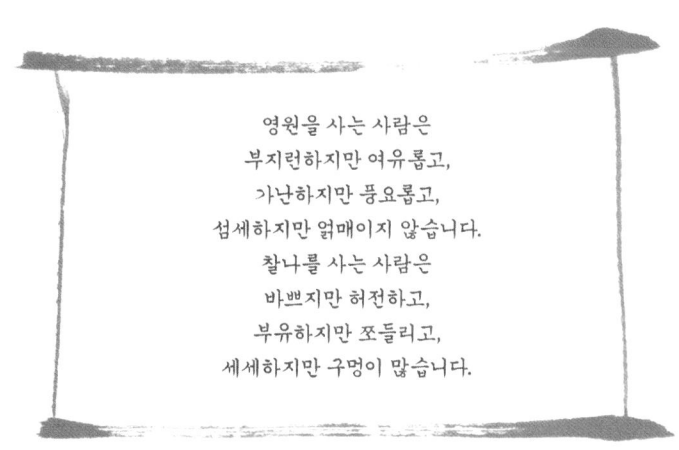

영원을 사는 사람은
부지런하지만 여유롭고,
가난하지만 풍요롭고,
섬세하지만 얽매이지 않습니다.
찰나를 사는 사람은
바쁘지만 허전하고,
부유하지만 쪼들리고,
세세하지만 구멍이 많습니다.

옛 사람의 교훈에 정신을 빼앗기다
_ 이덕무 비평

　형암은 이름이 덕무이고, 자는 무관이다. 형암은 그의 호인데, 영조 신유년1741년에 태어났다. 태어날 때부터 탁월한 자질을 지녔고, 성품과 태도가 단정하고 엄숙했다. 불과 6~7세밖에 되지 않았을 때 글을 능숙하게 지었고 또 책 보는 일을 가장 좋아했다.
　어느 날 집안 사람들이 그가 보이지 않아 사방팔방으로 찾아다녔는데, 저녁 무렵이 다 되어 대청 벽 뒤 풀 더미 속에서 겨우 찾을 수 있었다. 벽을 도배할 때 바른 옛 책을 보는 데 정신을 빼앗겨 날이 저문 줄도 몰랐던 것이다.
　형암은 나이가 들어 어른이 될수록 뜻이 독실해 더욱 학문에 힘을 쏟았다. 앉을 때나 누울 때나 혹은 몸을 움직여 나다닐 때에도 일정한 격식을 갖춰 한 자 한 치도 벗어나지 않았다. 여러 사람들과 어울려 하루 종일 지내도 장중하되 잘난 체하지 않았고, 어울리되 허물없이 굴지 않았다. 집안이 몹시도 가난해, 다 허물어진 두어 칸 살림살이에 거친 음식조차 제대로 먹지 못하고 끼니를 거르기 일쑤였지만 대수롭지 않게 여겨, 다른 사람들은 그가 가난으로 근심하는 빛을 보지 못했다. 또한 세상 사람들이 관심을 두는 재물과 이익, 노래와 춤, 술과 여색, 잡기 따위에는 전혀 관심을 두지 않았다.

글을 지을 때는 옛 사람의 뜻을 좇되 답습하거나 거짓으로 꾸며 표현하지 않았다. 글자 하나 구절 하나까지 모두 뜻과 이치에 가깝고 실제 모습을 그렸기 때문에, 그 묘미가 간곡하고 정성이 넘쳐 가히 읽어볼 만했다. 뜻을 함께 나눈 몇몇 사람과 강론하고 토론하는 일 외에는, 자신이 지은 시나 산문을 다른 사람에게 보여 주는 것을 즐겨하지 않았다. 사람을 사귀는 일도 함부로 하지 않아서, 출세와 부귀를 누린 벼슬아치들은 한 사람도 알지 못했다. 이 때문에 약관의 나이가 지나도록 이름이 마을 골목 밖을 벗어나지 못했다.

책을 한 권이라도 얻을라치면 반드시 보거나 베껴 썼다. 읽은 책이 거의 수만 권을 넘고, 베껴 쓴 책도 거의 수백 권이 넘었다. 외출을 하더라도 옷소매 속에 책을 넣고 다녔으며, 붓과 벼루까지 함께 지니고 다녔다. 주막에 머무르거나 배를 타고 가면서도 일찍이 책을 덮은 적이 없었다. 기이한 말이나 색다른 소문을 듣게 되면 그 자리에서 바로 기록해 두었다.

형암은 책을 저술할 때 근거를 들어 주장을 하거나 논리적으로 분석해 증명하는 일을 잘했다. 일찍이 동물과 식물 및 각종 사물의 이름과 특징은 물론 계산을 통해 얻은 각종 수치를 밝혔고, 나라를 다스리는 방법과 계책 및 금석金石과 비판碑版에서부터 우리나라의 법제도와 외국의 풍토에 이르기까지 자세하게 연구했다.

기해년1779년에 외각外閣, 교서관의 검서관에 제수되었는데, 이때는 정조대왕이 즉위한 지 3년째 되는 해였다.

당시 임금께서는 학문을 숭상하는 풍습이 점차 쇠약해지고 인재가 묻히는 일을 안타깝게 여겼다. 학문을 숭상하는 기풍을 높이고 인재를 발탁할 방법을 고민하다가, 옛 세종대왕 시절에 집현전을 설치한 일을 본받아 규장각을 설치하고 각신閣臣을 두었다. 그리고 교서관校書館을 창덕궁 단봉문 밖으로 옮겨 설치하고, 규장각의 외각으로 삼았다. 또한 각신들에게 하문하여 벼슬하지 못한 선비들 가운데 학문과 지식이 탁월한 사람들로 외각의 관리를 뽑도록 하셨다.

이때 처음으로 '검서檢書'라는 관직명을 하사하셨는데, 이때 형암이 가장 먼저 선발되었다. 정조대왕께서 검서들을 궁궐로 불러들여, '규장각 팔경八景'이라는 제목의 시 8편을 짓게 했는데 형암이 장원을 차지했다. 이튿날 다시 '영주에 오르다'라는 제목으로 20운의 시를 짓게 했는데, 역시 형암이 장원을 차지했다. 이렇게 해서 형암은 세상 사람들에게 받지 못한 인정을 비로소 정조대왕께 받을 수 있었다. 신축년1781년 정월에 정조대왕께서 외각의 관직을 옮겨서 내각규장각의 관직으로 만들도록 하셨는데, 형암이 규장각 검서관이 된 것은 바로 이때부터라고 할 수 있다.

일찍이 저술한 책이 12종이나 되었다. 『영처고嬰處稿』는 형암이 젊은 시절 지은 시와 산문집이다. 형암은 스스로 말하기를, "어린 아이나 시집 안 간 처녀가 하듯 처신과 행동을 신중하게 해야 한다."고 했다. 그래서 원고의 이름을 어린 아이와 시집 안 간 처녀의 뜻을 담은 『영처고』라고 붙였다.

『청장관고靑莊館稿』의 '청장'은 해오라기의 별명이다. 이 새는 강이나 호수에 사는데, 먹이를 뒤쫓지 않고 제 앞을 지나가는 물고기만 쪼아 먹는다. 그래서 신천옹信天翁이라고도 한다. 이덕무가 '청장'을 자신의 호로 삼은 것은 이 때문이다.

『이목구심서耳目口心書』는 제목 그대로 귀로 듣고 눈으로 본 것과 입으로 말하고 마음으로 생각한 것을 기록한 글이다. 『사소절士小節』은 어진 옛 사람들이 남긴 교훈을 인용해 가르침으로 삼고, 요즘 사람들의 일을 기록해 보고 느끼도록 했다. 『청비록淸脾錄』은 과거와 현재 사람들의 시화詩話를 실어 놓았고, 『기년아람紀年兒覽』은 상고 시대부터 명나라와 청나라 및 춘추 시대 여러 제후국들에 이르기까지 그 역사를 기록했는데, 중화와 오랑캐를 명확히 구별했다.

『청정국지蜻蜓國志』는 일본 역대 임금의 계보, 지도, 풍속,

언어, 생산물 등을 기록한 글이다. 『앙엽기盎葉記』는 옛날과 요즘의 일을 근거 삼아 고증하고 변증한 말들을 모아 두었다. 『한죽당섭필寒竹堂涉筆』은 경상도 지방에서 찰방으로 재직할 때 보고 들은 내용을 적어 놓은 글이다. 『예기억禮記臆』은 육경 중 하나인 『예기』의 난해한 글자나 의혹을 품은 뜻에 대해 풀이해 놓은 기록이다. 『송사보전宋史補傳』은 곧 임금의 명을 받들어 『어정송사전』을 편집 교열한 책인데, 유민열전遺民列傳과 고려열전, 요나라 열전과 금나라 열전 그리고 몽고 열전을 보완하여 편찬한 것이다. 『뇌뢰낙락서磊磊落落書』는 수많은 서적들을 열람해 가면서 명나라 말기 유민들의 행적을 편집한 글인데, 미처 원고를 마무리하지 못했다.

이덕무는 행동과 품은 뜻이 두터워 한 시대의 모범으로 삼을 만했고, 천하의 온갖 사물들을 정확하고 세밀하게 연구할 만큼 뛰어나고 넉넉한 재주와 식견을 갖추고 있었다.

글을 짓고 서적을 저술할 때는 제자백가의 책에서 두루 모으고 가려내어 스스로 일가를 이루었다. 독창적인 경지를 추구했고 낡았거나 새롭지 않은 것은 결코 따라 배우지 않았다. 기이하고 날카롭되 진실과 정성에서 벗어나지 않았고, 순박하고 성실하되 졸렬하거나 평범한 것과는 거리가 멀었다.

수백 수천 년이 지난 후에라도, 그의 글을 한 번 읽고 나면 완전히 자신의 눈으로 보는 것과 같을 것이다. 과거는 물론 현재 일에도 두루 통달하고, 온갖 사물의 이름과 특징을 명확하게 분석한 이로는 이덕무가 전무후무한 사람이라고 할 만하다.

박지원, 『연암집』, '형암 이덕무 행장炯菴行狀'

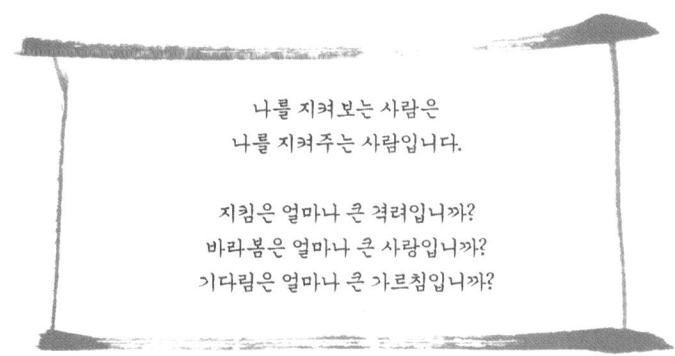

나를 지켜보는 사람은
나를 지켜주는 사람입니다.

지침은 얼마나 큰 격려입니까?
바라봄은 얼마나 큰 사랑입니까?
기다림은 얼마나 큰 가르침입니까?

모든 것을 잊고 한 가지에 미쳐야만 이룰 수 있다

_ 기예가 비평

　작은 기예라고 하더라도 모든 것을 잊고 한 가지에 미쳐야만 이룰 수 있다. 하물며 세상의 큰 이치를 이루려고 하는 데에는 말할 필요조차 없다.

　세조 임금 때 사람인 최흥효는 온 나라에서 가장 글씨를 잘 썼다. 일찍이 과거에 나가 시권詩卷, 시험장에서 글을 짓는 종이을 쓰다가, 왕희지의 서체와 유사한 글자 하나를 얻었다. 하루 종일 그것을 들여다보고 앉아 있다가 제출하지 못하고 시권을 품은 채 돌아왔다. 그 행동은 "이로움과 해로움 그리고 얻음과 잃음 따위는 마음에 두지 않았다."고 할 만하다.

　선조 임금 때 이징이라는 화원이 있었다. 그가 어렸을 때 다락에 올라가 그림을 익히고 있었는데, 집안 사람들이 사흘 밤낮을 찾아 헤매다 찾아낸 적이 있었다. 매우 화가 난 부친이 이징의 종아리를 때렸는데, 울면서 흘린 눈물을 끌어다가 새 그림을 그렸다. 그의 행동은 "그림 그리는 일에 온 정신을 빼앗겨 영예로움과 욕됨조차 잊어버렸다."고 할 만하다.

　학산수는 온 나라에서 노래를 가장 잘 부르는 사람이었다. 그가 산에 들어가 노래 공부를 했는데, 항상 노래 한 가락을 마치면 모래를 주워 나막신에 던졌다. 그리고 나막신에 모래가 가득 차야 돌아오곤 했다. 전에 한번 도적을 만나 죽음을 맞게 되었는데, 바람에 몸을 맡기고 노래를 부르자 도적 무리들이 감동하여 눈물을 흘리지 않는 자가 없었다. 이는 "삶과 죽음을 마음속에 두지 않았다."고 할 만하다.

　나는 처음 이 이야기들을 듣고서 탄식하며 이렇게 말했다. "세상의 도리가 흩어져 사라진 지 오래되었다. 어진 사람을 좋아하는 일을 여색 즐기듯이 하는 사람을 나는 여태껏 보지 못했다. 그런데 저 사람들은 조그마한 기예일망정 자신의 목숨과도 바꿀 수 있다고 여겼다. 이것이 바로 아침에 세상의 진리를 들으면 저녁에 죽어도 여한이 없다는 말이로구나."

　도은이 『형암총언』 열세 조목을 글씨로 써 한 권의 책자로 만든 다음 내게 서문을 써 달라고 청했다.

　도은과 형암은 내면을 기르는 일에 마음을 쓰는 사람들인가, 아니면 기예로써 노니는 사람들인가? 장차 이 두 사람이 삶과 죽음이나 영예로움과 욕됨의 차이를 잊어버리고, 이 같이 높은 경지에 이르렀다면 좀 지나친 것일까? 이 두 사람이 무엇인가를 이루려고 다른 것을 잊을 수 있다면, 도와 덕을 제외한 모든 것을 잊고 지냈으면 한다.

박지원, 『연암집』 '형언도필첩서 炯言桃筆帖序'

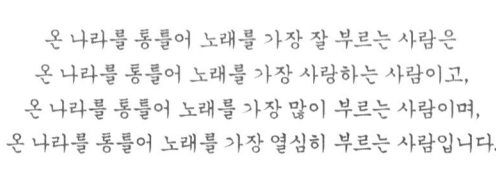

온 나라를 통틀어 노래를 가장 잘 부르는 사람은
온 나라를 통틀어 노래를 가장 사랑하는 사람이고,
온 나라를 통틀어 노래를 가장 많이 부르는 사람이며,
온 나라를 통틀어 노래를 가장 열심히 부르는 사람입니다.

허공의 꽃이나 물속에 잠긴 달
_ 허난설헌 비평

　내 친구 미숙 허봉은 세상에서 보기 드문 뛰어난 재주를 지녔는데, 불행하게도 일찍 세상을 떠났다. 나는 그가 남긴 글을 볼 때마다 무릎을 치고 감탄하며 칭찬하지 않을 수 없었다. 언젠가 허봉의 아우 단보 허균이 죽은 누이가 지었다는 『난설헌고蘭雪軒藁』라는 시집을 가지고 와 보여 주었는데 나는 깜짝 놀라 이렇게 말했다.
　"훌륭하구나. 부녀자에게서 나올 수 있는 말이 아니구나. 어찌하여 허씨 집안에는 뛰어난 재주를 타고난 사람이 이토록 많단 말인가!"
　나는 시학詩學에 관해서는 잘 모른다. 다만 보고 느낀 것을 좇아 비평한다면, 말을 일으켜 세우고 뜻을 창조함이 허공의 꽃이나 물속에 잠긴 달과 같다. 맑고 영롱해 차마 눈을 뜨고 볼 수 없고, 형옥과 황옥이 서로 부딪치며 울리는 소리인 듯하다. 숭산과 화산이 빼어남을 다투듯 남달리 우뚝 솟고, 가을 연꽃이 물 위에 넘실대고 봄 구름이 허공에 아롱거리는 듯하다.

 높은 것으로 치자면 한나라와 위나라의 여러 문장가들보다 빼어나고, 그 나머지 것들도 당나라 시대 문장이 융성했던 때에 지어진 시만큼 우수하다. 사물을 대해 감정을 불러일으키고, 시대를 염려하고 풍속을 근심한 것은 종종 절개와 의로움을 지킨 사대부의 기풍이 넘쳐났다. 세상에 물든 자국이 조금도 보이지 않으니, '백주柏舟와 동정東征'이 예전에만 아름답지는 않았다. 이 시집을 보고 난 후, 나는 허균에게 이렇게 말해 주었다.

 "돌아가서 시를 간추려서 보배를 다루듯 간직하게. 한 집안의 말로 간직해 반드시 전해줄 만한 시네."

유성룡, 『서애집』 '『난설헌집』에 끝 부분에 붙임跋蘭雪軒集'

그녀의 글은 공중에 꽂인 듯
물속에 잠긴 달인 듯
맑고 영롱해 차마 눈을 뜨고 볼 수 없고,
고운 옥이 서로 부딪치며 울리는 소리인 듯
물 위에 넘실대는 가을 연꽃인 듯
하늘에 아롱거리는 봄 구름인 듯
남달리 빼어나 우뚝 솟았습니다.

붉은 까마귀라 해도 좋고 푸른 까마귀라 해도 좋다

우리 명문장가의 계보를 밝힌다

노자, 장자, 순자, 한비자의 글을 비평한다

기상의 화려함만으로 시를 지으면 시의 품격을 이룰 수 없다

겉은 아름답지만 속은 텅 빈 책과 겉은 하잘것없어도 속은 꽉 찬 책

나의 스승 손곡산인을 말한다

가려 뽑아 엮은 우리나라 명문장

온을 철이라고 생각한들

고려 시대에 전해오는 여성 시는 단 한 편뿐 고려의 여성

문장에만 매달리면 광대나 다름없어진다

시란 책으로 배울 수 있는 것이 아니다

우리나라 문장의 선구자, 최치원

볼 줄 아는 눈, 들을 줄 아는 귀

까마귀를 보라. 세상에 그 깃털보다 더 검은 것은 없다. 그러나 홀연히 유금빛이 번지기도 하고 다시 녹색 빛을 반짝거리기도 하고, 해가 비추면 자줏빛이 튀어올라 번득이다가 비취색으로 바뀌기도 한다. 그렇다면 내가 그 새를 두고 '푸른 까마귀'라 해도 좋을 것이고, '붉은 까마귀'라고 해도 문제될 것이 없다. 본래부터 그 새에게는 일정한 빛깔이 존재하지 않는데, 먼저 내가 눈으로 빛깔을 정했을 뿐이다. 어찌 눈으로만 결정했겠는가? 보지 않고도 마음속으로 먼저 그 빛깔을 정한 것이다.

붉은 까마귀라 해도 좋고
푸른 까마귀라 해도 좋다

_ 시 비평

　세상 이치에 밝아 사물에 얽매이지 않는 선비에게는 괴이한 것이 없지만, 평범한 사람들에게는 의심스러운 것이 많다. 이를 두고 "본 것이 적으면 적을수록 괴이하게 여기는 것이 많은 법이다."라고 한다. 그러나 세상 이치에 두루 밝은 사람이라고 해서 어찌 모든 사물을 다 직접 눈으로 꼭 보아 알겠는가?

　한 가지를 듣게 되면 열 가지 형상을 눈앞에 그려 보고 또 열 가지를 듣게 되면 백 가지 이미지를 마음속에 그려 보기 때문에, 천 가지 괴이함과 만 가지 기이함이 사물에 잠시 기생한 것일 뿐 자기 자신과는 아무런 관련이 없다는 사실을 알 수 있다. 따라서 마음이 여유롭고, 사물에 대응함이 끝이 없다. 본 것이 적은 사람은 해오라기를 들어 까마귀를 비웃고,

오리를 들어 학을 위태롭다고 생각한다. 본래 그 사물은 괴이함을 전혀 찾아볼 수 없는데도 혼자 스스로 화를 내면서, 한 가지라도 자신의 생각과 어긋나면 온갖 사물을 싸잡아 비난한다.

까마귀를 보라. 세상에 그 깃털보다 더 검은 것은 없다. 그러나 홀연히 유금乳金빛이 번지기도 하고 다시 녹색 빛을 반짝거리기도 하고, 더욱이 해가 비추면 자줏빛이 튀어 올라 번득이다가 비취색으로 바뀌기도 한다. 그렇다면 내가 그 새를 두고 푸른 까마귀라 해도 좋을 것이고, 붉은 까마귀라 해도 문제될 것이 없다. 본래부터 그 새에게는 일정한 빛깔이 존재하지 않는데, 먼저 내가 눈으로 빛깔을 정했을 뿐이다. 어찌 눈으로만 결정했겠는가? 보지 않고도 마음속으로 먼저 그 빛깔을 정한다.

까마귀를 검은 빛깔이라고 하는 것으로도 충분한데, 또다시 까마귀를 들어 세상의 온갖 색깔을 다 결정하려고 한다. 까마귀는 검다고 할 수 있지만, 누가 그 검은 빛깔 속에 푸른 빛과 붉은빛이 들어 있는 줄 알겠는가? 흑黑을 두고 어둡다고 하는 것은 까마귀만 제대로 알지 못할 것일 뿐 아니라 검은 빛깔이 무엇인지도 모르는 것이다. 검은 물은 사물의 모습을 비출 수 있고, 옻칠은 검기 때문에 거울이 될 수 있다. 따라서 빛깔이 있는 사물은 반드시 빛이 있고, 형상이 있는 것은 반드시 모습이 있는 법이다.

아름다운 여인을 살펴보면, 그 사람으로 시를 이해할 수 있다. 그 여인이 다소곳이 고개를 숙이고 있는 모습을 보면 부끄러워하고 있음을 알 수 있고, 턱을 괴고 있는 모습을 보면 한스러워 함을 알 수 있고, 홀로 서 있는 모습을 보면 시름에 잠겨 있음을 알 수 있다. 난간 아래에 서 있는 모습을 보면 기다림을 알 수 있고, 파초 아래 서 있는 모습을 보면 바람을 알 수 있다. 서 있는 모습이 재계하듯 단정하지 않고, 앉아 있는 모습이 진흙으로 빚은 인형처럼 고요하지 않다고 꾸짖는다면, 이것은 이를 앓는다고 양귀비를 꾸짖거나 번희에게 쪽을 감싸 쥐지 말라고 하는 짓과 똑같다. 또한 사뿐사뿐 걷는 걸음을 요염하다며 희롱하거나 장무掌舞를 두고 경쾌하다고 나무라는 짓과 마찬가지다.

나의 조카인 박종선은 자字가 계지로, 시를 잘 지었다. 특별히 한 가지 시작법詩作法에 얽매이지 않고 백 가지 시체詩體를 두루 갖추어서, 시의 대가가 되었다. 시의 전성기였던 당나라 시대의 글인가 하고 보면 어느새 한나라와 위나라의 시체를 띠고, 또 어느 틈엔가 송나라와 명나라의 시체를 띠었다. 다시 송나라와 명나라의 시라고 하면 곧 당나라 시대의 시로 돌아가곤 했다.

세상 사람들이 까마귀를 비웃고 학을 위태롭다고 여기는 짓이 참으로 어리석건만, 조카 종선의 집 뜰에 있는 까마귀는 홀연히 자줏빛을 띠었다가 홀연히 녹색 빛을 띠기도 한다.

또한 세상 사람들이 아름다운 여인더러 재계하듯 서 있고 진흙 인형처럼 앉아 있으라고 하지만, 사뿐사뿐 걷는 걸음과 장무는 나날이 경쾌하고 아름다우며, 쪽을 감싸쥐고 이를 앓는 모습조차 두루 맵시를 갖추었다. 그러므로 날이 갈수록 세상 사람들이 화를 내는 모습은 하나도 이상하지 않다. 세상에는 이치를 깨달아 무엇에도 얽매이지 않는 사람은 적은 반면 평범하고 저속한 사람은 많은 법이다. 차라리 입을 다문 채 말하지 않는 게 낫다. 그런데도 쉬지 않고 떠드는 이유는 대체 무엇 때문일까?

박지원, 『연암집』 '능양시집에 붙여菱洋詩集序'

아는 것이 적은 사람일수록
자신의 엉터리 저울로 무엇이든 달아보려 합니다.
알 수 없으면 모른다 할 것이지 나쁘다고 합니다.

본 것이 적은 사람일수록
자신의 성긴 그물로 무엇이든 잡아보려 합니다.
잡을 수 없으면 못 잡았다 할 것이지 잘못이라고 합니다.

우리 명문장가의 계보를 밝힌다
_ 명문장가 비평

　우리나라의 문장은 통일신라 시대 최치원에서 처음으로 크게 일어났다. 고려 시대의 김부식은 풍부했으나 화려하지 못했고, 정지상은 화려했으나 크게 드날리지 못했다. 이규보는 억누르고 걸어 잠갔지만 거두지는 못했고, 이인로는 불에 달구어 두드리듯 단단했으나 제대로 펼치지 못했다. 임춘은 꼼꼼하고 세밀했으나 윤택하지 못했고, 이곡은 분명하고 진실했으나 슬기롭지 못했다. 이제현은 노련하고 뜻이 굳세지만 문채를 이루지 못했고, 이숭인은 도량이 넓고 온유했으나 뻗어나가지 못했다. 정몽주는 사사로운 욕심이나 감정을 내세우지 않았으나 요점을 갖추지 못했고, 정도전은 크게 펼쳤지만 스스로 단속하지 못했다. 세상 사람들은 이색이 시문詩文을 모두 갖추어 뛰어났다고 하지만, 비루하고 엉성한 형상이 많아 원나라 사람과 비교해도 뒤떨어진다. 하물며 어떻게 당나라와 송나라 시대의 문장 수준에 견주어 말할 수 있겠는가?

조선 시대에 들어와서는 권근과 변계량이 문장의 근본을 잡았지만 이색에게도 미치지 못했다. 더욱이 변계량의 문장은 수준이 낮고 허약했다. 세종대왕이 처음으로 집현전을 세우고, 문학하는 지식인들을 모았는데 신숙주, 최항, 이석형, 박팽년, 성삼문, 유성원, 이개, 하위지 등이 한 시대를 풍미하며 이름을 날렸다.

성삼문은 문장의 흐름이 호방했으나 시는 잘 짓지 못했다. 하위지는 책문이나 상소문은 뛰어났지만 시는 제대로 알지 못했다. 유성원은 재능을 타고나 일찍부터 학문을 이루었지만 안목이 넓지 못했다. 이개는 맑고 우뚝 솟았으며 시 또한 정밀하고 빼어났다. 그러나 동료들은 모두 박팽년을 두고 집대성한 사람이라고 했다. 집대성했다는 말은 곧 박팽년의 학문과 문장 그리고 서예가 모두 탁월했음을 이르는 것이다. 그러나 모두 세조 시대에 역적으로 몰려 죽임을 당하는 바람에, 그들의 저술은 세상에 남아 있지 않다. 최항은 사륙변려문녁자와 여섯 자를 대구로 한 수식이 화려한 문장에 정통했고, 이석형은 과거시험을 치르는 문장에 능숙했다. 집현전의 학사들 중 신숙주의 문장만 대대로 높임과 우러름을 받았다.

이들 집현전 학사들의 뒤를 이어받아 명문장가의 반열에 오른 사람은 서거정, 김수온, 강희맹, 이승소, 김수녕 그리고 성임이라고 할 수 있다. 서거정은 문장이 화려하고 아름다웠다. 시는 오로지 한유와 육유의 문체를 공부해 손을 붓에 대면 글이 이루어졌는데 화려하기가 이루 말할 수 없었고 오래도록 문형을 맡아 지냈다. 김수온은 글을 읽으면 반드시 외워 문장의 틀이나 됨됨이를 능숙하게 다룰 수 있었다. 그 문장은 웅장해 거리낌이 없었으며, 아주 빼어나고 굳세어 어느 누구도 어깨를 나란히 하지 못했다. 그러나 스스로 누르고 걸어 잠글 줄 몰라, 시의 운율에 잘못된 곳이 많았다.

  강희맹은 시와 문장 모두 형식을 잘 갖추어 우아하면서도 아담했다. 또 타고난 자질을 잘 무르익게 하여, 수많은 학자와 문장가들 중에서도 단연 뛰어났다. 이승소는 시와 문장이 모두 아름다웠다. 마치 솜씨 좋은 장인이 조각하면 나무의 도끼 찍은 자국조차 사라지듯 글재주가 좋았다. 그는 타고난 자질을 바탕 삼아 일찌감치 일가를 이루었고,『한서』의 저자인 반고를 기준 삼았기 때문에 문장이 노련하고 힘이 넘쳤다.『세조실록』을 편찬하고 감수할 때 그의 솜씨에서 나온 것이 많았다. 성임의 시는 당나라 후기 작품의 체재를 본받아, 구름이 흘러가고 물이 흐르듯 거칠 것이 없었다. 이들은 모두 이름을 크게 세상에 알렸고, 한 시대의 문학을 빛냈다.

성현,『용재총화』

군자는
털어서 먼지 안 나는 사람이 아니라,
매일 세상의 먼지를 털어내는 사람입니다.
매일 아침 말갛게 세수하고,
스스로를 희게 빨아 볕에 너는 사람입니다.

노자, 장자, 순자, 한비자의 글을
비평한다
_ 제자백가 비평

　어떤 사람이 『노자』의 장章을 나누었는지에 대해서는 모르겠으나, 본래 글의 뜻이 끊이지 않았는데도 억지로 끊은 부분이 있다. 반드시 글 전부를 연결해 읽어야 뜻을 깨달을 수 있으므로 대단히 잘못된 일이다.

　세상에서는 『노자』를 여섯 가지 경전에 포함할 수 없다고 한다. 하지만 사람이 마땅히 행해야 할 도리라고 할 수 있는 대도大道를 논한 곳에서는 오묘할 뿐 아니라 헤아릴 수 없을 정도로 심오하다고 할 수 있다. 『노자』에서는 여섯 가지 경전 중 하나인 『주역』이나 『중용』에서도 말하고 있지 못한 부분을 집어내어 언급하고 있다. 이것은 바로 『노자』가 매우 뛰어나 유학의 경전과 나란히 서고 싶지 않았기 때문이다. 참으로 신통하고 묘한 일이다.

후세에 노자를 따르는 무리들이 그 학술을 신비스럽게 치장했고, 다시 세월이 흐를수록 수련·복식·부록·제초 등의 괴이하고 황당한 방법을 만들었다. 그래서 세상을 현혹하고 사람을 속이는 나쁜 일이 횡행하게 되었다. 세상에서는 노자를 따른다면서 혹세무민하는 무리들과 더불어 노자까지 싸잡아 비방하는데, 이 같은 괴이하고 황당한 말과 행동이 어찌 노자가 말한 사상이 본래 지니고 있는 뜻이겠는가? 노자의 글은 곧 경經이고, 뜻은 곧 전傳이고, 인간의 도리를 논할 때는 곧 하늘의 핵심부를 깨뜨렸다. 나로서는 도저히 윤곽조차 잡을 수 없는 경지다. 참으로 노자는 용과 같은 인물이라고 하겠다.

　나는 어렸을 때 『장자』를 읽었다. 그러나 그 뜻을 알 수 없어 단지 글을 따라가고 장을 따와 문장을 꾸미는 방법으로 삼았을 뿐이다. 그러다가 중년에 접어들어 다시 『장자』를 읽었는데, 그 미묘함이 헤아려 알기 어렵기도 했지만 이미 그 속의 우화를 좋아하게 되었다. 죽음과 삶을 나란히 보고, 그 얻고 잃음을 똑같이 다룬 부분은 귀하게 여길 만했다. 그런데 요즘 들어 다시 『장자』를 읽어 보니, 이익을 탐내지 않아 담백하고 고요하며 더럽거나 속되지 않은 사상이 은연중에 부처님의 가르침과 서로 닮아 있었다. 아득히 멀고 황당한 언사가 바른 말이라고 할 수는 없어서 깊이 있게 보지는 않았다. 그래서 그 본뜻의 실마리를 알기 어렵다.

유학을 공부하는 선비들은 『장자』 '대종사大宗師'의 "안자안연가 가만히 앉아서 물아物我를 잊었다."라는 구절을 두고 강하게 비난하지만, 그들이 경전으로 삼는 『예기』에도 "앉으면 제사를 지내듯이 하고, 일어서면 제사를 모시는 시동처럼 하라."고 했다. 또 『논어』에서는 "안자는 하루 종일 어리석은 사람인 듯 행동한다."라고 했다. 이 말들이 "앉아서 물아를 잊어버렸다."라는 구절과 무엇이 다른가? 이 또한 부연한 말일 뿐 허튼소리라고 할 수는 없다.

그리고 『장자』가 "주공과 공자를 비난했다."는 말 역시 잘못이다. 노담노자은 장자의 스승이다. 그런데 장자는 진일이 조문한 일을 핑계 삼아 노담을 비방했다. 이런 행동은 우스갯소리나 거짓말을 잘하는 장자의 평소 태도에서 나온 것이지 진실로 비방했다고 할 수는 없다. '천하' 편에서 유가를 으뜸으로 언급한 내용에서 미루어 보면, 장자가 주공과 공자를 존경하고 숭상했다는 사실을 알 수 있다.

순경순자이 노담을 배척하면서 "굽힐 줄은 알았지만 펼 줄을 몰랐다."라고 했다. 또한 장주장자를 배척하면서 "하늘의 도에 가려서 사람의 도리를 알지 못했다."고 했다. 순자의 학설이 참으로 타당하다고 하겠다. 순자는 왕도를 높이고 패도霸道, 패자의 정치를 천하게 여겼고, 공자를 숭상하고 이단을 물리칠 줄 알았다. 맹자 이후 유학의 제일인자라고 할 만하다. 그러나 타고난 자질이 어리석고 망령되어 함부로 진리를 안다고 자처해 증자·자사·맹자의 학문을 폐하고 곧바로 공자의 정통을 이어받고자 했다. 그래서 주장을 내세우고 가르침을 펼 때에도 다른 유학자들과는 차이를 두려고 애썼다. 예를 들어 맹자는 "사람의 본성은 선하다."고 한 반면 순자는 "사람의 본성은 악하다."고 말해, 맹자를 꺾으려고 하였으나 끝내 이길 수는 없었다.

순자가 학문의 계보에 따라 자사와 맹자의 전통을 지키고, 홀로 고고한 논설과 특별한 변론을 펼치는 일에 힘을 쏟지 않았다면, 조그마한 흠이 있다면서 배척하거나 선택한 것이 정확하지 못하고, 말이 상세하지 않다는 한유의 나무람이 나왔겠는가? 지나치게 거만하고 어리석어서 스스로 잘난 체하며 제멋대로 했기 때문에, 훗날 이사와 한비자에게로 전해져 크게 변질되었다. 애석한 일이다.

선진先秦 시대 제자백가의 글 가운데 『노자』와 『장자』를 제외한 나머지는 대체로 난잡하거나 어렵거나 혹은 종잡을 수 없다. 그런데 유독 한비자의 글만은 격식을 갖추었을 뿐 아니라 아름답고 명확하다. 비슷한 종류의 사건들을 서로 연결하여 서술하는 데 능숙하고, 실제 사정에 들어맞는다. 문장에 관한 일로 논한다면, 한비자는 대가라고 할 수 있다. 한비자의 저술 가운데 '세난說難' 편과 '팔간八姦' 편은 더욱 좋다. 시험 삼아 그 열고 닫고, 억누르고 치켜들고, 내닫고 머무르고, 끊고 맴도는 부분을 보면, 말로 드러내지 않고도 후세의 글을 짓는 사람들에게 걸어 잠그고 얽어매는 문장 작법의 실마리를 보여 주었다고 할 수 있다. 본래 고문은 꾸미지 않고 순박한 문체를 지니고 있었는데, 한비자에 와서 비로소 오묘한 계책을 갖추게 되었다. 한비자의 논리와 학설은 법가 사상가인 상앙과 신불해에서 나왔다고 할 수 있는데, 엄격하고 각박한 점에서는 그들을 뛰어넘었다.

허균, 『성소부부고』
'노자·장자·순자·한비자를 읽고 讀老子莊子荀子韓非子'

한 번 보고
두 번 보고
세 번 보고
지루한 반복이 아니라, 매번 새로움으로 다가옵니다.
글은
한 번에 한 가지씩 자신의 비밀을 일러줍니다.
한 번에 한 가지씩 감당할 수 있을 만큼만 알려줍니다.

기상의 화려함만으로 시를 지으면
시의 품격을 이룰 수 없다
_ 시 비평

　번암 채재공은 시를 평가할 때, 시인의 기상을 엄격히 따졌다. 유성의가 지은 시를 읽어 보면, 그 기상이 대부분 쓸쓸하고 슬펐다. 또 두보의 시는 번창하고 화려한 언어로 되어 있었다. 그러나 두보는 뇌양에서 궁색하게 지냈으니, 세상사가 반드시 시의 기상대로 들어맞는다고 말할 수 없다.

　요즘 들어 상자 속에 보관해 둔 내가 예전에 지은 시 원고들을 살펴보니, 귀양살이를 하기 전 한림원과 홍문관에서 꿈을 훨훨 펼치던 때 지은 시편들은 쓸쓸하고 고통스러우며 우울한 내용뿐이었다. 장기에서 유배 생활을 하던 시절에 지은 시들은 더욱 우울하고 서글픈 기상이 배어 있었다. 그런데 강진으로 귀양살이를 옮긴 이후의 시 작품들은 대부분 활달하고 확 트인 말과 표현으로 넘쳐났다. 생각해 보면, 재앙이 눈앞에 닥쳐올 때는 활달한 기상을 지니기 힘들지만, 막상 당하고 난 다음에는 재앙에 대한 걱정이 사라지기 때문이 아닐까 싶다.

옛 사람이 하신 말씀을 가볍게 흘려서는 안 되겠지만, 기상의 화려함만 취해 글을 짓는다면 시의 품격을 이룰 수 없다. 시는 정신과 기백을 갖추고 있어야 한다. 어수선하고 걷잡을 수 없거나 쓸쓸하고 우울하기만 해 묶어 주고 닮아 주는 묘미가 없는 시만 짓는다면, 작가의 궁색함과 통달함은 말할 것도 없고 목숨조차 길지 못하다. 이런 사실은 내가 이미 여러 차례 시험해 보았다.

『시경』에 실려 있는 3백 편의 시는 모두 옛 성인과 현인들이 뜻을 잃고 시대를 걱정한 작품들이다. 그러므로 시의 핵심은 마음속 깊이 사무치게 느끼는 것이다. 그러나 미묘하고 간접적인 표현을 사용해야지 얄팍하게 드러내서는 안 된다.

정약용, 『다산시문집』
'다시 두 아들에게 보여 주는 집안의 가르침又示二子家誡'

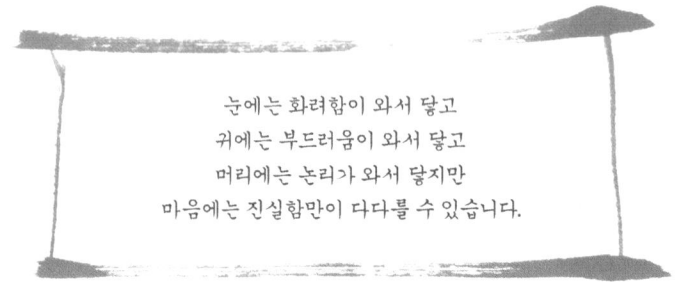

눈에는 화려함이 와서 닿고
귀에는 부드러움이 와서 닿고
머리에는 논리가 와서 닿지만
마음에는 진실함만이 다다를 수 있습니다.

겉은 아름답지만 속은 텅 빈 책과
겉은 하잘것없어도 속은 꽉 찬 책

_ 소천암 비평

　소천암이 전국의 민요와 민속 그리고 방언과 놀이 등을 두루 기록했다. 심지어 종이연에도 계보를 만들고, 어린 아이들이 하는 수수께끼까지 설명해 놓았다. 백성들의 삶 구석구석을 들춰 익히 보아온 모습들은 물론, 요염하게 정을 내뿜으며 문에 기댄 채 아양을 떠는 여인네, 칼을 두드리고 손뼉을 치면서 맹세를 하는 남정네 등 민가의 일상을 모두 수집해 실어 놓고, 각각의 내용들을 조목별로 나누어 잘 엮어 놓았다. 말로 다 표현하기 어려운 것도 그 형상을 붓으로 잘 그려냈고, 미처 생각이 미치지 못한 곳까지도 책을 펼쳐 보면 볼 수 있다. 닭이 울고 개가 짖는 소리와 벌레가 움직이고 굼벵이가 꿈틀거리는 모습 역시 실제 소리나 모양과 다름없이 표현했다. 이것을 십간十干, 갑·을·병·정·무·기·경·신·임·계의 순서대로 배치하고, 『순패旬稗』라고 이름 붙였다.

어느 날 소천암이 소매에 책을 넣고 와서 내게 보여 주면서 이렇게 말했다.

"이 책은 내가 어렸을 때 손장난 삼아 지은 것이네. 그대는 음식 중에서 거여유밀과를 본 적이 없는가? 먼저 찹쌀가루를 만들고 술에 적셔 누에 모양의 크기로 잘라 더운 온돌방에서 말린 후에 기름에 튀기네. 그러면 부풀어 올라 누에고치처럼 된다네. 그 모양이 참으로 깨끗하고 아름답네. 그러나 과자 속은 텅 비어 있어 아무리 먹어도 배가 부르지 않고, 잘 부셔져 불면 눈처럼 날아 가네. 이 때문에 겉모양은 아름답지만 그 속은 텅 비어 있는 사물을 두고 '거여'라고 한다네.

반면 개암과 밤 그리고 벼는 세상 사람들이 하잘것없다면서 천하게 여기지만 실제는 아름답고 먹으면 참으로 배가 부르네. 또한 하늘에 제사를 드리는 제물로도 사용할 수 있고, 귀한 손님에게 예물로 드릴 수도 있네. 문장의 길 또한 이와 다르지 않다고 여겨지네. 그럼에도 세상 사람들은 개암, 밤, 벼를 하찮게 생각하니 그대가 나를 위해 '옳고 그름'을 가려 줄 수 없겠는가?"

그래서 나는 소천암의 『순패』를 다 읽고 난 후 그에게 이렇게 대답해 주었다.

"장자가 꿈에 나비로 변했다는 말은 믿을 만하네. 그러나 한나라의 장수 이광의 화살이 바위를 꿰뚫었다는 이야기는 아무래도 믿기 어렵네. 꿈은 눈으로 직접 확인하기 어렵지만 눈앞에서 일어나는 실제 사건은 쉽게 알 수 있기 때문이네.

지금 그대는 백성들의 일상 가까운 곳에서 일어난 이야기들을 살피고, 누추하고 구석진 곳에서 일어나는 일들을 모았네. 그래서 보통 사람들의 아주 천박하고 사소한 우스갯소리나, 일상에서 발생하는 모습 하나까지 실제 눈앞에서 일어난 듯 기록했네. 눈이 아리도록 보고 실컷 들어서 무식한 사람이라도 고개를 끄덕일 만한 것들이네. 묵은 장이라도 그릇을 바꿔 담으면 입안에 감도는 맛이 새롭듯, 항상 보아 온 모습이나 들어 온 이야기도 장소가 달라지면 그것을 보는 마음과 눈 또한 옮겨가네.

이 책을 보는 사람들은 구태여 소천암이 어떤 사람이고, 그곳에 실려 있는 민요가 어느 지방의 민요인지 물어 보지 않고도 곧바로 알 수 있을 것이네. 이 책에다가 음운을 달아 연이어서 읽게 하면 백성들의 본성과 감정에 대해 의논할 수 있고, 계보를 살펴 그림을 그리면 수염까지도 밝힐 수 있을 것이네.

이덕무가 이전에 '해질 무렵 작은 돛단배 갈대숲에 살짝 모습을 감추니, 사공과 어부가 텁수룩한 수염에 구레나룻이 험악한 인상이라 할지라도 멀리 물가 건너에서 바라보면 지조 있고 고고한 선비인 듯 생각할 수 있다.'라고 했네.

이덕무가 나보다 먼저 이런 생각을 펼쳐 보였으니, 그대는 그를 스승으로 모셔야 할 듯싶네. 찾아가 한번 '옳고 그름'을 가려 보게."

박지원, 『연암집』 '순패에 붙여旬稗序'

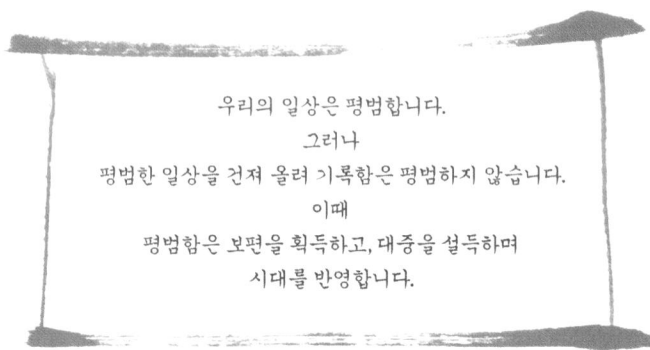

우리의 일상은 평범합니다.
그러나
평범한 일상을 건져 올려 기록함은 평범하지 않습니다.
이때
평범함은 보편을 획득하고, 대중을 설득하며
시대를 반영합니다.

나의 스승 손곡산인을 말한다
_ 이달 비평

　손곡산인 이달은 자字가 익지이고, 쌍매당 이첨의 후손이다. 그는 어머니의 신분이 비천한 탓에 세상에서 쓰임을 받지 못했다. 강원도 원주 손곡에 살면서 지명을 자신의 호로 삼아 '손곡산인'이라고 했다.
　이달은 어려서부터 보지 않은 책이 없었고, 수많은 글을 지었다. 사역원 소속의 벼슬아치인 한리학관이 되었으나, 이치에 온당치 못한 일을 보고 벼슬자리를 내팽개쳐 버렸다. 고죽 최경창과 옥봉 백광훈을 좇아 어울렸는데 서로 마음이 잘 맞았다. 함께 시 모임을 결성하기도 했다. 이달은 소식의 시작법詩作法을 좋아해 그 핵심을 얻었는데, 한번 붓을 쥐면 불현듯 수백 편의 시를 지어냈다. 그가 지은 모든 시들이 깊고 넉넉해 읊조리기에 좋았다. 하루는 정승인 사암 박순이 이달에게 이렇게 말했다.

"시도詩道는 반드시 당나라의 시로 해야 올바른 길이라고 할 수 있네. 소식의 시는 당당하고 거리낌이 없지만, 당나라의 시보다는 뒤떨어진다고 할 수 있네."

그러면서 시렁 위에서 이태백의 악부·가음시, 왕유와 맹호원의 근체시를 찾아내 보여 주었다.

이달은 문득 시작법의 바른 길이 그곳에 있음을 깨달았다. 마침내 예전의 시작법을 완전히 버리고, 예전에 은둔했던 손곡으로 돌아가 전원에 묻혀 살았다. 『문선文選』과 이태백 그리고 당나라의 시가 전성기를 구가할 때의 여러 문장가들을 비롯한 백겸의 『당음唐音』 등을 두루 꺼내 놓고 문을 걸어 잠근 채 외웠다. 날을 꼬박 새운 적도 있고, 종일 방바닥에서 무릎을 떼지 않기도 했다. 이렇듯 5년 여를 지내자 어렴풋하게나마 깨달음을 얻을 수 있었다. 시험 삼아 시를 지어 보았는데, 시어詩語가 매우 맑고 절묘해 예전의 기법을 말끔히 씻겨낸 듯했다.

그 후부터 이달은 당나라의 여러 시인들의 문체를 몸에 익혀 장편, 단편 그리고 율시와 절구를 수없이 지었다. 시어와 시구를 갈고닦으며 성음과 운율을 미루어 헤아리면서, 시의 형식에 맞지 않으면 달이 넘고 해가 가도록 고치고 또 고쳤다. 이렇듯 혹독한 노력을 기울여 10여 편의 시를 지었다. 그리고 비로소 세상에 내놓고 여러 사람들 사이에서 읊었는데, 모두 깜짝 놀라 감탄하면서 고죽 최경창과 옥봉 백광훈도 따라올 수 없는 수준의 시라고 했다. 당대 최고의 시인으로 이름을 떨치고 있던 제봉 고경명과 하곡 허봉 역시 당나라 전성기의 시풍詩風이라고 높여 칭찬했다.

이달의 시는 맑고 신선하며, 우아하고 아름다웠다. 수준이 높은 시는 왕유나 맹호연, 고적과 잠삼과 어깨를 겨룰만 하고, 수준이 낮은 시라도 유장과 전기의 운율을 잃지 않았다. 신라와 고려 이후 당나라의 시풍을 좇은 시인 가운데 그를 따라올 만한 사람은 아무도 없었다. 진정 사암 박순이 격려해 용기를 내도록 한 힘 때문이었으니, 이것은 예전에 진섭이 진나라에 반란을 일으켜 한나라 고조인 유방의 창업을 도와 준 셈이라고나 해야 할 듯싶다.

이러한 이유로 이달의 이름은 크게 알려졌고, 비천한 서얼이라는 신분을 두고 귀하게 여겨져 칭찬한 사람들이 있었다. 모두 당대 최고의 시문을 지은 서너 명의 거장들이었다. 그러나 세상의 풍속에 젖은 사람들은 줄을 지어 이달을 증오하고 미워해, 수차례 더러운 누명을 덮어씌워 형벌의 그물에 밀어 넣었다. 그러나 끝내 이달의 목숨을 가져가지도, 명성을 빼앗지도 못했다.

이달은 용모를 가꾸지 않고 또 성품도 호탕해 어느 것 하나 거리끼지 않았다. 더군다나 세상의 풍속과 예법에 익숙하지 않은 탓으로, 세상 사람들의 눈에 거슬리는 행동을 서슴없이 했다. 그는 과거와 현재의 역사나 사건에 대한 이야기를 잘 했고, 산과 물이 아름다운 곳이라면 어느 곳에서나 즐겨 술을 마셨다. 또한 진나라의 명필 왕희지가 서러워할 정도로 글씨도 잘 썼다. 그 마음이 확 트여 끝이 없었고, 먹고사는 일 따위는 신경도 쓰지 않았다. 이 때문에 그를 더욱더 좋아하고 따르는 사람들도 있었다.

평생토록 몸 붙일 곳 하나 없이 온 천하를 집 삼아 유리걸식했는데, 이 때문에 비속한 사람들은 모두 그를 천박하다고 여겼다. 그러나 이달이 궁색하고 재앙으로 가득찬 인생을 살면서 늙어간 까닭은 그가 시 짓는 일에만 몰두했기 때문이다. 평생 구차하고 궁핍했지만 불후의 명시를 남겼으니, 한때의 부귀영화로 어떻게 그가 누린 명예와 비교할 수 있겠는가? 이달이 평생 동안 힘써 지은 글들이 지금 모두 사라질 형편에 놓여 있어서, 내가 가려서 4권으로 만들어 세상에 전해지도록 했다.

외사씨外史氏는 이렇게 말했다.

"태사 주지번은 이달의 시를 본 적이 있다. 그 중 '만랑무가'라는 시를 읽고서는 감탄하면서 '이 작품이 이태백의 시와 무슨 차이가 있는가?'라고 했다.

석주 권필 역시 이달의 '반죽원'이라는 시를 보고서 '이백의 시집 속에 넣어 두면, 안목을 제대로 갖춘 사람일지라도 판별하기 어렵다.'고 말했다. 이 두 사람이 어찌 허튼 말을 할 사람들이겠는가? 이달의 시야말로 참으로 신선하고 기이하구나."

허균, 『성소부부고』 '손곡산인에 대한 기록 蓀谷山人傳'

> 인생을 바꾼 말 한 마디는
> 일생을 걸어야 증명할 수 있습니다.
> 인생을 바꾼 말 한 마디를 건네는 친구는
> 일생을 걸어야 만날 수 있습니다.

가려 뽑아 엮은 우리나라 명문장
_ 문선 비평

우리나라에서 문장을 가려 뽑아 책으로 엮은 것은 다음과 같다.

고려 시대 김태현의 『동국문감』과 최해의 『동인지문』 그리고 조선 시대 성삼문의 『동문수』 10권, 서거정의 『동문선』, 신용개의 『속동문선』, 정조대왕의 『어정팔자백선』, 『육주약선』, 『주서백선』이다.

나는 어리석고 고루하며 식견이 짧아 보고 들은 서책이 이것뿐이다. 그러나 차마 내버릴 수 없어서 가려 뽑아 다 해진 상자에 담아둔다. 훗날 잘 아는 사람이 나타나 다시 고쳐 주기를 기다려본다.

돌이켜 살펴보면, 김태현은 충렬왕 때 사람으로 고려 개국 초기부터의 문장을 가려 뽑은 다음 책을 엮어 『동국문감』이라고 이름 지었다. 최해는 『동인지문』을 편찬할 때 신라의 최치원부터 시작해 고려 충렬왕 때까지의 문장을 가려 뽑아 엮었다. 시는 오언과 칠언이고, 문장은 천 백여 가지이며, 변려문은 사륙四六으로 하였다.

그는 스스로 지은 서문에서 "중국 사람들이 우리나라 문장을 보여 달라고 했는데, 나는 없다고 했다. 그런데 돌아와서 생각해 보니 부끄러운 마음이 들어 선집을 내놓게 되었다."고 했다. 조선 시대 이전의 문체를 살펴보건대, 이것을 버리면 다른 것은 없다.

성삼문은 조선 세조 때 사람이다. 우리나라의 글을 편찬하고 『문보』라는 이름을 붙였는데, 재앙을 만나 죽임을 당한 이후 김종직이 연이어서 완성하고 『동문수』라고 이름 붙였다. 『동문선』은 세종대왕 때 사람인 서거정 등이 왕명을 받고 난 후 편찬한 책이다. 고구려의 을지문덕, 신라의 최치원, 고려의 김부식으로부터 시작해 조선의 여러 문장가들에 걸쳐 열거한 것이 넓고 많아 수많은 문체가 두루 갖추어지게 되었다.

성현은 『용재총화』에서 "김종직은 번잡하고 화려하게 꾸민 글을 싫어해 교양 있고 온화한 글만 가려 뽑아 『동문수』를 엮었다. 반면 서거정이 편찬한 『동문선』은 글을 종류별로 나누어 엮은 책이다. 다시 말해 『동문수』는 선집選集이고, 『동문선』은 유취類聚다."라고 했다. 『속동문선』은 중종 임금이 신용개와 최숙생 등에게 하명하여, 『동문선』 이후 여러 문장가들의 글을 모아 20권으로 편찬한 책이다. 서거정을 첫머리로 삼아 당대 여러 문장가들을 두루 실었다.

  나는 이렇게 생각한다. 우리나라 학문의 명성은 중국에서도 크게 떨쳐 '군자의 나라'라고 불렸다. 그렇다면 문장이라고 해서 무슨 모자람이 있겠는가? 중국에서도 우리나라의 문장을 자주 칭찬했다.

  예를 들어 명나라 송경렴은 우리나라의 문장을 추켜세우면서 칭송하기를 마다하지 않았고, 고손은 "학문과 문장이 중국과 다르지 않다."고 했다. 또한 기순은 "외국의 기록이나 서적 가운데 조선이 으뜸이다. 문물과 제도 및 법률이 중국과 같은 수준이다."라고 말했다. 한 조각 작은 땅덩어리지만 어찌 중국의 큰 흐름을 지배했다고 하지 않겠는가?

          이규경, 「오주연문장전산고」 '문선에 대해 변론해 증명한다文選辨證說'

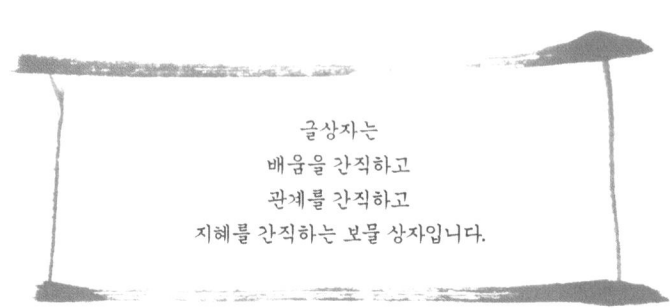

글상자는
배움을 간직하고
관계를 간직하고
지혜를 간직하는 보물 상자입니다.

은을 철이라고 생각한들
_ 이지함 비평

　내가 세상에 늦게 나오는 바람에 토정 이지함 선생 밑에서 제자 노릇을 하지는 못했지만, 어른들과 선배들에게 그분의 기품과 명망, 행적을 듣고 난 후 평생토록 공경하며 우러러보고 사모했다. 토정 선생의 기품과 명망을 가장 잘 증명해 주는 자료로는 조중봉이 선조 임금께 고한 다음과 같은 이야기에서 찾아볼 수 있다.

　"신臣은 세 분의 스승을 섬겼는데, 이지함, 이이, 성혼이 그분들입니다. 세 분이 성취한 덕은 제각각 다르지만, 그 마음을 맑게 하고 사사로운 욕심을 부리지 않아, 지극한 행적이 세상의 규범이 된 점만은 똑같다고 할 수 있습니다. 옛 성인과 현인 그리고 큰 선비들은 모두 마음을 맑게 하고 사사로운 욕심을 부리지 않은 일을 도리의 요체로 삼았습니다. 마음이 탁하면 근본이 썩고, 사사로운 욕심이 앞서면 사물에 얽매여 바른 길에서 벗어나게 됩니다. 사람이 겉을 억지로 아름답게 꾸미고 스스로 착한 척하지만 재물에 대한 욕심이 나날이 마음속 가득 쌓여 끝내 본성을 잃고 욕망에 빠지게 됩니다."

이 같은 말로 미루어 보면, 이지함, 이이, 성혼 세 분은 사람의 도리와 학문의 요체를 알았다고 할 수 있고, 조중봉은 제대로 살펴서 잘 배웠다고 할 수 있다. 네 분의 선생은 제각각 다른 사람이지만 도리는 같아서, 더불어 세상에 빛나고 나라의 융성을 크게 일으켰다. 어찌 아름답지 않은가?

사람들은 이지함에 대해 기이하고 괴팍한 선비에 가깝다고 말한다. 재주와 기질이 보통 사람들이 이해하기 어려울 정도로 높고 맑아 항상 사물에 얽매이거나 재화나 규범에 구속받지 않았기 때문에 그를 잘 모르는 사람들이 '은을 철'이라고 한 것에 불과하다. 율곡 이이만이 그를 두고 '기화이초奇花異草'에 비유했는데, 정확한 표현이다.

선생은 평생 글을 짓는 일을 좋아하지 않았다. 전해오는 몇 편의 글 또한 대부분 어쩔 수 없이 지은 것들이다. 이번에 토정의 현손과 외현손 몇 사람이 힘을 들여 글을 모은 후 겨우 1책을 만들었다. 그러나 봉황의 깃털만 보고도 다섯 가지 아름다운 무늬를 충분히 짐작할 수 있듯, 토정이 남겨 놓은 몇 편의 글만 보아도 사사로이 욕심을 내지 않은 맑은 마음에서 나왔음을 알 수 있다.

세상의 도리가 점점 쇠퇴하고 미약해져 사람들이 이익과 욕심만 다투고 있는 이때, 이 책으로 '청심과욕淸心寡慾'의 네 글자를 세상에 밝힐 수 있다. 학문에 뜻을 둔 선비가 진수성찬과 부귀영화에 대한 욕망에서 벗어날 수 있다면, 사물의 이치를 연구해 큰 깨달음을 얻고 본래 심성을 잘 보존하고, 또한 갈고 닦아 넓고 높고 밝은 경지에 다다를 수 있을 것이다.

벼슬아치 역시 청렴결백함을 숭상하고 수치스러움과 욕됨을 멀리하며, 뜻을 어짊에 두고 의로움을 실천하며, 한결같이 맡은 일에 충실하고 백성을 아끼고 감싸며 사사로운 이익에 곁눈질하지 않으면, 세상은 진실로 잘 다스려질 것이다. 이 같은 일은 내가 간절히 기대하는 일일 뿐, 저속하거나 천박한 사람과 논할 수 있는 것이 아니다.

송시열, 『송자대전』 '토정 선생 유고에 붙여土亭先生遺稿跋'

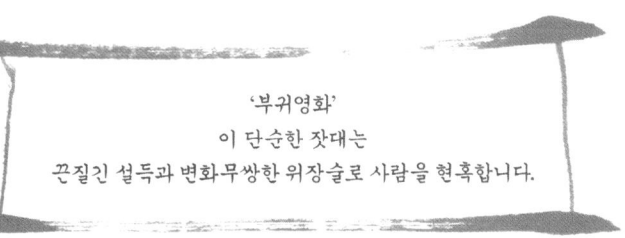

'부귀영화'
이 단순한 잣대는
끈질긴 설득과 변화무쌍한 위장술로 사람을 현혹합니다.

고려 시대에 전해오는 여성 시는 단 한 편뿐
_고려의 여성 시 비평

　5백여 년 고려 역사에서 여성이 지은 시는 오직 한 편밖에 전해 듣지 못했다.
　김태현은 자字가 불기이고, 광산 사람이다. 그는 말과 행동이 예의에서 한 치도 어긋남이 없었다. 충렬왕 때 과거 급제해 원나라에 간 적이 있는데, 그때 원나라의 원제元帝가 정동행성 좌우랑중의 벼슬을 하사했다. 그 후 벼슬이 검교정승에까지 올랐고, 『동국문감』을 편찬했다.
　김태현은 어렸을 때 선진先進의 문하에서 공부를 했는데, 당시 선진에게는 갓 과부가 된 딸이 하나 있었다. 그녀는 김태현의 풍모와 거동이 단정하고 우아하며, 눈과 눈썹이 그림을 그려 놓은 듯 아름다워 마음이 끌려 창문으로 한 편의 시를 들여보냈다. 그 시의 내용은 이렇다.

말 타고 온 백면서생 누구인지
석 달이 지나도록 이름조차 몰랐네.
지금에서야 비로소 김태현임을 알고
가는 눈 긴 눈썹 나도 몰래 마음 빼앗네.

이 일이 있고 난 후 김태현은 다시는 선진의 집에 발을 들여놓지 않았다.

이덕무, 『청장관전서』 '고려 여성의 시는 한 수뿐이다高麗閨人詩只一首'

> 사랑을 담은 시
> 사랑은 지고 시는 피었습니다.
> 마음을 담은 시
> 마음은 무너지고 시는 남았습니다.
> 시는 오래도록 남아 사랑을 지켰습니다.

문장에만 매달리면
광대나 다름없어진다

_ 장유 비평

　세상에는 영명하고 순수하며 총명하고 예지가 넘치는 자질을 타고난 사람이 반드시 있기 마련이다. 그러나 이러한 사람이라도 크고 넓고 올바른 학문을 닦아야만 한다. 그런 다음에 글을 지어 자신을 드러내면 흰 비단 위에 붉은 색채가 펼쳐지듯, 샘 줄기가 연못 속으로 쏟아져 들어가듯 그 시작과 끝이 서로 기대며 겉은 화려하고 속은 꽉 차게 된다. 그래서 좋은 글을 지으려고 힘 들이지 않아도 저절로 훌륭한 작품이 된다. 옛 성인과 현인들이 좋은 말을 전해 후세 사람들에게 두루 미치게 한다는 것 또한 모두 이런 도리에 근거하고 있다. 그러므로 이것을 벗어나 글을 지으면, 기이하게 꾸며 예스럽게 하고 온갖 화려하고 아름다운 말로 장식한다 하더라도, 변두리에서 대장 노릇을 하거나 정통의 탈을 쓴 가짜를 모면하기 힘들다.

　우리나라의 시와 문장은 중국 당나라 말기부터 나타나기 시작했는데, 처음에는 화려하고 다채롭게 꾸미는 데만 힘을 쏟았다. 그러다가 넓고 높은 기상을 지닌 선비들이 등장해, 흐름을 따라 내려가기도 하고 혹은 흐름을 거슬러 처음으로 다시 돌아가는 듯한 모습을 보여 주기도 했다. 우리 조선에 이르러서 홍문관과 예문관의 대가들이 옛 책의 가르침을 좇아 뜻과 이치 및 풍취를 숭상하고, 여기에 한유와 소동파의 작법과 형식을 아울러 취하여 점점 일정한 규범을 갖추게 되었다.

　그리고 요즘 들어와 여러 대학자들이 저속하고 상투적인 표현을 내쫓으려고 하면서 옛일을 거울 삼아 문장을 갈고 닦았다. 그래서 『좌전』과 『국어』 그리고 사마천과 반고의 궤적을 따라가면서 마침내 커다란 변화를 겪게 되었다. 그런데 경서를 근본으로 삼으면 문장이 고리타분해지거나 통속적으로 흐르기 쉽고 또 반대로 문장에만 매달리게 되면 아무것이나 끌어 모아 광대나 다름없게 되고 만다. 이 두 가지를 하나로 합해 문장 속에 녹아들게 하면서도, 그 경지를 훌쩍 뛰어넘어 빽빽하게 한 시대를 풍미하는 거장이 되고 아울러 좋은 말을 전해 후세 사람들에게 두루 미치게 한다고 한 옛 성현들에게도 부끄럽지 않을 사람을 찾는다면, 계곡 장유 한 사람만이 여기에 해당하지 않을까 싶다.

　장유는 자질과 기품이 남달랐고, 자신의 능력을 스스로 갈고 닦아 마음속 깊이 쌓았기 때문에, 정신이 맑고 기백은 충만했다. 덕성은 행동과 일치했고, 젊은 나이에도 불구하고 크게 이름을 떨쳤다. 그 후 험악한 세태를 겪기도 했지만, 만년에 이르러서는 훈신勳臣의 명예를 만나 조정에 드나들면서 나랏일을 살폈다. 그러나 계곡이 항상 마음속 깊이 간직하고 있었던 생각은 문학뿐이었다.

그의 학문을 살펴보면, 경서의 정확하고 세밀한 이치를 깊이 꿰뚫고 있었으며 제자백가의 사상도 두루 통달하고 있었다. 과거와 현재 그리고 문文과 무武 어느 것 하나 손길 닿지 않은 곳이 없어서, 학문의 정수를 온통 한 몸에 모아 놓은 듯했다. 이렇듯 마음속 깊이 쌓아둔 지식의 양이 헤아릴 수 없을 정도였지만, 생각과 기운이 조화를 잃지 않았다. 그래서 자신의 생각과 기운을 세상 바깥으로 내놓으려고 마음먹으면 붓끝을 휘두르는 대로 글이 이루어졌다.

그의 글에서는 옛 명문장가들이 다다른 높고 깊은 경지를 제각각 한 곳에 거두어 모으면서도, 세상에서 흔하게 볼 수 있듯 한 가지 반찬만 좋아하거나 밥상에 음식을 있는 대로 늘어놓는 병폐를 전혀 찾아볼 수 없었다. 순수하게 자신만의 독특한 문학 세계를 펼쳐 보였다. 장유야말로 문예 세계에서 누구나 흉내 낼 수 없는 독특함과 아름다움을 보여 주었다고 할 만하다.

계곡이 남긴 문집은 모두 16책이다. 이 문집은 계곡이 직접 가려 뽑고 다듬어 엮었는데, 강산이 잿더미로 변하는 바람에 열에 한둘은 사라지고 말았다. 이에 맏아들 장선징이 여기저기 흩어진 원고들을 거두어 모으고 다시 보충해서 완질을 만든 다음 광산光山에서 판각했다. 당시 목사 이각이 그 일을 도왔다. 이제 계곡 문집의 완질본이 간행된다면, 우리 문장계에 참으로 큰 행운이라고 하지 않을 수 없다.

  장선징은 내가 계곡과 같은 문형 출신이라는 이유 때문에 보잘것없는 글 실력을 믿고 문집의 서문을 써 달라고 부탁했다. 계곡은 진실로 나 같은 부류의 사람과는 다르다고 할 수 있다. 계곡이 마음속에 깊이 품은 뜻과 평생 이루어 놓은 행적 역시 이 문집 속에 모두 담을 수 없을 만큼 크고 넓다. 그런데 어찌하여 아무것도 모르고 또 제 분수를 뛰어넘는 나의 말을 기다려서, 이 문집을 더욱 소중하게 만들겠다고 한단 말인가? 다만 지난날 계곡에게 얻어 들은 말들을 잘 정리하여, 여러 대가들이 서술한 끝 부분에 소개하는 것으로 후세 사람들이 공을 사모하는 마음에 적게나마 보탬을 주고자 한다.

이식, 『택당집』 '계곡집에 붙여谿谷集序'

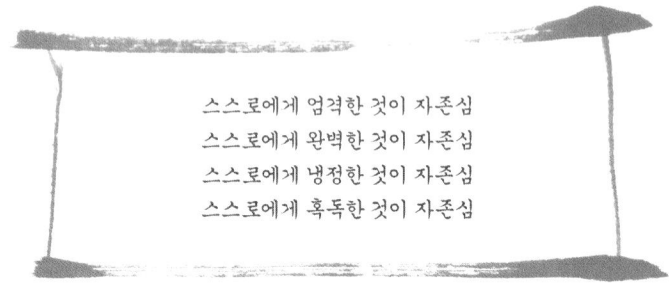

스스로에게 엄격한 것이 자존심
스스로에게 완벽한 것이 자존심
스스로에게 냉정한 것이 자존심
스스로에게 혹독한 것이 자존심

시란 책으로 배울 수 있는 것이 아니다
_ 유희경 비평

촌은 유희경은 시를 짓는 경험이 풍부했다. 나이가 84세에 이르렀지만 여전히 시문의 자질과 기풍이 미간에 어려 있다. 한평공이 상자를 열어 수백 편의 글을 찾아낸 후, 다시 가려 뽑아 정리해 서문을 써 붙였다. 그리고 동료들에게 보여 주었는데, 모두 맑고 깨끗해 읊을 만했다.

나는 일찍부터 "시는 본성에 뿌리를 두고 있는 만큼, 책으로 배울 수 있는 것이 아니다. 다시 말해 그 정수를 마음속 깊이 쌓아 두었다가 오묘하게 표현해내면 될 뿐이다."라고 생각했다.

예를 들어 유희경은 가난하고 궁색해 지금까지 박사나 유생처럼 단 한 번이라도 마음껏 서책을 배우고 외우거나 또는 글 짓는 공부에 열중할 수 없었다. 그러나 끝에 가서는 그들을 모두 뛰어넘었다. 다른 이유가 있어서라기보다는 오로지 마음이 맑고 잡스러운 생각이 없으며, 지나친 욕심으로 가슴속에 더러운 찌꺼기를 남겨 놓지 않았기 때문이다.

　게다가 유희경은 평생 동안 이름난 산과 강을 찾아다니며, 틈만 나면 풀과 바위 그리고 새와 물고기를 보고 즐겼다. 그리고 경전에 밝고 문장에 해박한 유학자나 뛰어난 선비는 물론이고 세속을 피해 은둔한 사람이나 스님들과 접촉하면서 자신을 갈고닦는 일을 게을리하지 않았다. 이 같은 일을 어려서부터 줄곧 쉬지 않고 해왔기 때문에, 가슴속에 가득 쌓인 정수를 스스로도 가릴 수 없어 자연스럽게 드러내게 된 것이다.

　더군다나 유희경이 한창 왕성하게 활동할 때는 우리나라 학문과 문장이 그 어느 때보다도 활짝 꽃을 피워 옛 당나라의 전성시대를 멀리 뛰어넘고 있었다.

　홍문관과 예문관의 대가들이 옛 당나라의 명문장가인 장열과 소정의 수준을 뛰어넘고 있었고, 하급 벼슬아치들의 글조차 새가 힘차게 울고 높이 날아오르는 듯했다.

　더 아래로는 아전이나 일반 백성들까지 들판의 까마귀처럼 울어대고 모래밭의 학처럼 시 구절을 읊어댔다. 이 모두가 금은보화처럼 울리고 음운을 잃지 않았다. 유희경이나 노복 출신인 백대붕이 바로 그런 사람들이다.

　당시 사람들은 유희경이나 백대붕과 같은 사람들을 일컬어 '풍월향도風月香徒'라고 했다. 학사와 선생들조차 그들 앞에서 자신을 낮추고 예우했다. 또 이따금씩 함께 어울려 시를 주고받고 읊었다. 옛 시대의 시와 민요가 남겨 놓은 뜻과 취지가 이렇게 무성하게 배어 나왔으니, 이 얼마나 성대했겠는가?

그러나 그로부터 수십 년이 흐르면서 전란과 살육의 시대를 겪는 바람에 선비들이 몰락하고 글의 기운이 쇠퇴해졌고, 유희경과 같은 사람들 또한 일찍 죽거나 사라져 버렸다. 지난날 세상을 뒤덮던 기상은 찾아볼 수 없게 되었지만, 유희경만은 오래도록 명성을 드날리며 여러 선비들의 칭송을 받았다.

이렇게 된 데에는 다 그만한 까닭이 있다. 유희경의 시집을 보면, 세상을 논할 수 있고 사람을 알 수 있다. 따라서 "회나라의 민요 이후로는 논평할 만한 가치도 없다.춘추시대 오나라 계찰이 노나라에서 음악을 들으며 회나라 이하의 민요는 논평할 가치도 없는 하찮은 작품이라고 했다는 고사"는 말은 꺼내지도 말아야 한다.

이식, 『택당집』
'촌은 유희경의 시집에 대해 쓴 짧은 글村隱劉希慶詩集小引'

시인은
바람 소리를 듣고
물비늘을 보고
봄에게 인사를 건네고
밤 벌레를 울고
달을 품은 존재입니다.

우리나라 문장의 선구자, 최치원
_ 최치원 비평

　용재 성현은 이렇게 말했다.
　"최치원이 시를 잘 지었다고는 하나 시 구절에 담긴 뜻은 정미하지 못했다. 또한 사륙체의 문장에 뛰어났지만, 언어가 정돈되어 있지 않았다."
　용재의 이 의견에 대해, 나는 이렇게 말한다.
　"용재의 말이 반드시 정확한 의견이라고 말할 수는 없다. 그러나 최치원의 글이라고 해서 어떻게 조그마한 결점도 없을 수 있겠는가? 신라 시대에는 아직 문장의 기풍이 크게 일어나지 않았고, 최치원은 선구자의 역할을 했다. 그렇기 때문에 우리나라 문장의 역사를 말할 때 그를 일컬어 누구도 따라올 수 없는 경지에 도달한 사람처럼 말하는 것이다.
　최치원이 자신의 글을 가려 뽑아 엮은 문집인 『계원필경』

을 보면, 산문은 모두 대구를 사용했다. 그리고 시 가운데에서는 '삼경에 창 밖으로 내리는 비는, 등잔불 앞에서 만 리를 내달리는 마음이네'라는 한 절구와 더불어 '뿔피리 소리 퍼지고 물결은 아침 저녁으로 일렁이며, 청산의 그림자엔 예나 지금이나 사람이 있네'라는 연구聯句가 가장 아름답다고 할 만하다."

이수광, 『지봉유설』 '문장을 평론한다文評'

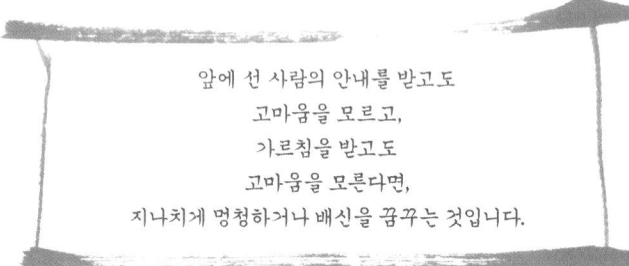

앞에 선 사람의 안내를 받고도
고마움을 모르고,
가르침을 받고도
고마움을 모른다면,
지나치게 멍청하거나 배신을 꿈꾸는 것입니다.

볼 줄 아는 눈, 들을 줄 아는 귀
_문장 비평

　송인은 호가 이암이다. 그는 해서를 잘 쓸 뿐 아니라 문장에 일가견이 있다는 명성을 얻었다. 그런데 지금에 와서는 그 명성이 예전만 못하다. 직접 눈으로 보는 것이 귀로 전해 듣는 것만 못하기 때문일까?
　임제가 『수성지愁城志』를 지으면서, 이별에 대해 이렇게 표현했다. "천상으로 몸을 피해, 견우와 직녀를 만나보고 돌아올까나." 참 아름다운 표현이다.
　내가 일찍이 살펴보니, 세상 사람들은 제대로 볼 줄 아는 눈도 갖추지 못하고, 제대로 듣는 귀도 지니고 있지 못하다. 익숙하게 보고 들은 것에만 빠져서, 시대의 앞과 뒤, 멀고 가까움을 따져 좋고 나쁨을 가리고, 가볍다느니 무겁다느니 하고 떠들어댄다. 온 세상이 모두 이렇다. 기개와 풍모가 탁월했던 옛 문장가인 양웅, 사마천, 이백, 두보가 다시 이 세상에 나타난다고 해도, 누가 진정 그들을 알아볼 수 있겠는가? 나는 가만히 생각해 본다.

이수광, 『지봉유설』 '문장을 평론한다文評'

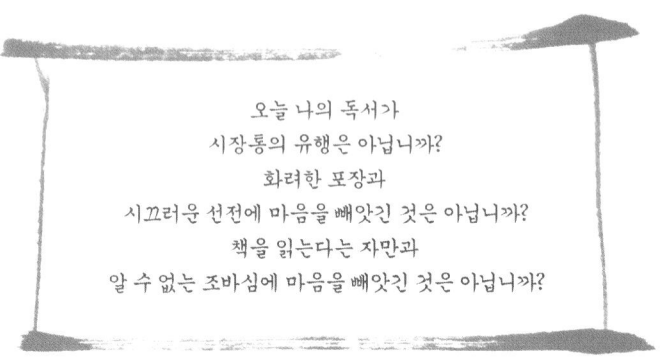

오늘 나의 독서가
시장통의 유행은 아닙니까?
화려한 포장과
시끄러운 선전에 마음을 빼앗긴 것은 아닙니까?
책을 읽는다는 자만과
알 수 없는 조바심에 마음을 빼앗긴 것은 아닙니까?

나는 유자후의 바탕이
글보다 못하다고 본다

_ 유자후 비평

    글은 마음의 표현이다. 그러므로 나는 전부터 "그 글을 보면 그 사람을 공경할 수가 있고, 그 글을 분석해 보면 그 사람의 바탕을 볼 수가 있다."라고 생각하였다. 당唐 나라 유자후 柳子厚의 글을 읽은 뒤에, 나는 유자후의 글에 실수가 있다는 것을 알고 감히 여기에 그것을 평론한다.

    유자후의 글은 그 수식이 아주 정밀하게 잘 되었으나, 그 마음에서 우러나온 것은 성실치 못하니, 그 글은 공경할 만하겠으나 그 사람은 공경할 수 없다. 제자백가와 사기에까지 출입을 하여, 그 성대함이 놀랄 만한 것이 유자후의 문장력이다. 글을 수식함이 아주 정밀하다. 그러나 유자후가 평소에 처신하여 온 것을 보면, 그 몸가짐의 미비한 것과 그 뜻을 실행하지 못한 것이 많다. 그는 글에 자신의 미비한 것을 모두 실어 두었으니, 이것이 어찌 마음에 쌓인 것이겠는가. 유별나게 글에다 붙여서 열거하였을 뿐 마음에서 우러나온 것은 성실치 못하다. 지금 여기에 유자후의 글 한두 편을 가지고 그러한 것을 밝히고자 한다.

〈굽은 궤를 베다[斬曲几]〉하는 글을 읽어보면, 그의 단정하고 정직한 마음을 볼 수 있을 것 같다. 그러나 위집의 韋執誼와 왕숙문王叔文과 왕비王伾들이 모두 소인인데, 유자후는 절개를 굽혀 이 사람들과 매우 친했기 때문에, 천하의 사람들이 '이왕유류二王劉柳'라고 지목을 하였으니, 이것을 볼 때 그 행실이 곧다고 하겠는가. 그러면 유자후는 굽은 것이 많다고 할 수 있는데, 어떻게 해서 자기의 굽은 것은 잊어버리고, 곧은 듯이, "굽은 궤를 베다." 하는 데 비유하여 세상을 기롱하였는가. 이것은 자기의 도끼를 가지고 자기의 몸을 베는 것과 같으니 어찌 굽은 궤를 벨 수 있겠는가.

또, 〈교를 빈다[乞巧]〉하는 글을 읽어보면, 거기에 말하기를, "신臣이 크게 옹졸한 것이 있는데, 이것은 지혜로도 어쩔 수 없고, 의원도 고칠 수 없습니다." 하였으니, 이것도 또한 진실된 말이 아니다. 유우석과 유자후가 서로 왕숙문과 왕비를 높여 이윤·주공과 관중·제갈량이 다시 났다고 하였으니, 아, 슬프다. 왕숙문과 왕비를 이윤·주공·관중·제갈량이라고 한다면, 이윤·주공·관중·제갈량이 안 될 사람이 누가 있겠는가. 그 말이 공교롭다고 할 만하며, 옹졸하다고는 할 수 없는데, 자기의 공교로움이 부족하다고 해서, 직녀성에게 빈단 말인가. 사람도 속일 수 없는데, 하물며 하늘을 속일 수 있겠는가. 그러므로 나는 유자후의 바탕이 글보다 못하다고 본다.

이규보, 『동문선』 '유자후의 글과 바탕에 대한 평柳子厚文質評'

이렇게 살면서 저렇게 글을 쓴다면
누가 그 글에 공감하겠습니다.
이렇게 글을 쓰면서 저렇게 산다면
누가 그 삶을 공경하겠습니다.

삶이 글을 따라가지 못하면 그 글은 가짜이고,
글이 삶을 따라가지 못해도 그 글은 가짜입니다.

돌이 처음부터 끝까지 옥을 완성한다
_안석 비평

　나의 벗 조공趙公의 이름은 박璞이요, 자는 안석安石인데, 나에게 그 의설義說을 청하였다. 옥玉이 돌 속에 있는 것을 박璞이라 하는데, 옥은 순수하고 윤기가 나며, 돌은 거칠고 억세어서 서로 같지 않다.

　그러나 옥이 처음에는 돌이 아니면 정기가 엉기어 그 질質을 이룰 수 없고, 나중에는 돌이 아니면 티를 갈아 내어 아름답게 될 수 없으니, 돌이 처음부터 끝까지 옥을 완성시키는 것이다. 또 『시경』에 "다른 산의 돌로 옥을 다듬을 수 있다."고 이르지 않았는가. 이는 옛 사람들이 군자가 소인의 침해로 그 덕을 더하는 것에 비유함이요, 또 끌어다가 비유한 것이 가장 절실하다.

　조공이 이것으로 자를 삼은 것은 근본을 잊지 않기 위함이요 또한 경계함을 잊지 않기 위함이다. 근본을 잊지 않으면 덕이 두터워지고, 경계함을 잊지 않으면 덕이 닦아지리니, 이 두 가지는 덕에 나아가는 방법이다. 조공이 이것으로 스스로 힘써서 항상 옥을 갈고 닦는 것같이 하기 때문에, 그 온후한 기풍과 견고한 품격이 티를 없애고 아름다움을 이루어, 귀중하고 존엄하고 순결하고 곧고 온화하고 믿음직한지라, 기器는 갖추지 않은 것이 없고 덕은 온전하지 않은 것이 없다.

그러나 공이 어찌 이것으로 만족하겠는가! 더욱 힘써 대성大成의 경지에 이르게 해야 하리라. 공은 개국 원훈開國元勳으로 지위 또한 높았다. 그러나 공이 국가에 충성을 다함과 사람들이 공에게 기대하는 것이 여기에 그칠 뿐만이 아니다.

옛날에 천자를 보좌하여 공명이 있은 이로는 진晉 나라 사안謝安, 자는 안석安石과 송宋 나라 왕안석王安石이 있었는데, 그 이름과 자가 같다 하여 사람들이 "공이 두 분을 사모하여 이렇게 자를 지었다."고 말한다면, 이는 공을 아는 자가 아니다.

두 분의 성공이 또한 각기 다르니, 문장과 학술은 사안이 왕안석에게 미치지 못하나 아량과 침착함은 왕안석 또한 사안에게 미치지 못한다. 공의 학술과 언변이 왕안석과 같고 풍류와 아량은 사안과 같다. 공은 두 분의 장점을 다 가져서 고명 정대하고, 의리로 마음을 기른 것은 두 분이 감히 바랄 바 아니다. 뒷날 재상으로서 임금을 성군聖君으로 만들고 백성에게 혜택을 입히는 효과는 마땅히 이윤伊尹과 주공周公으로 법을 삼을 것이니, 어찌 사안과 왕안석을 운운할 것이랴.

권근, 『양촌집』 '안석에 대한 설安石說'

옥석을 가리기 전에
옥을 품은 돌의 성품을 기억해야 합니다.
아름다운 옥을 기리기 전에
옥을 다듬은 돌의 정성을 알아야 합니다.

근본을 잊지 않는 것이
근본을 잃지 않는 것이기 때문입니다.

전(傳)이란
한 인물이 눈에 선하게 그려져야 한다
_ 자기 비평

　조선이 건국한 지 384년, 압록강 동쪽 천여 리 되는 곳에 그가 살고 있다. 시조는 신라인이며 관향은 밀양이다. 『대학』 '수신제가치국평천하修身齊家治國平天下'에서 뜻을 취해 '제가齊家'라고 이름 짓고 「이소경離騷經」에 의탁하여 '초정楚亭'이라고 호를 지었다.

　그는 무소 같은 이마에 칼처럼 날카로운 눈썹, 검은 눈동자와 흰 귀를 가졌다. 고결한 사람을 가까이하고 부귀한 자를 멀리하기 때문에 뜻이 맞는 사람이 적고 늘 가난하다. 어려서는 문장가의 글을 배웠고, 장성해서는 세상을 경영하는 학문을 좋아하였다. 몇 달씩 집에 돌아가지 않고 학문에 전념하지만 알아주는 사람이 없다.

　그는 고매한 것을 좋아하고 세상일에는 관심이 없다. 사물의 이름과 이치에 대해서 종합적으로 분석하고, 심오한 학문적 경지에 깊이 빠져 있다. 옛 사람들과 소통하며, 만 리 밖의 인사들과 교유한다. 구름의 모양을 관찰하고, 새들의 노랫소리를 듣는다. 또 아득히 먼 산천·일월·성신과 하찮은 초목·벌레·물고기·서리·이슬 등 날마다 변하지만 그 까닭을 알지 못하는 것들에 대해서도 환히 그 이치를 터득하였다. 그러나 말로는 그 실상과 깊은 맛을 다 설명할 수 없으니, 스스로 홀로 터득하였다고 생각할 뿐 누구도 그 즐거움을 알지 못한다.

아! 형체는 머물러도 정신은 한 곳에 매이지 않고, 뼈는 썩어 없어져도 마음은 남는다. 이 말을 이해하는 자는 모든 것을 초월한 그를 만나게 될 것이다.

그에 대해서 예찬한다.

글로 기록하고 그림으로 묘사하더라도 오랜 세월이 지나면 잊히는 법이다. 더구나 자연스러운 정화精華를 버리고 남들이 하듯 진부한 말이나 나열한다면 어찌 불후의 인물이 되겠는가! 전傳이란 전하는 것이다. 비록 그 사람을 완벽하게 묘사하지는 못하더라도 천 명, 만 명과 구분되는 한 인물이 눈에 선하게 그려져야 한다. 그래야만 아무리 먼 곳, 오랜 세월이 흐른 뒤라도 만나는 사람마다 그인 줄을 알게 될 것이다.

박제가, 『정유각집』 '소전小傳'

자기를 이렇게 소개합니다.
우쭐대며 잘난 척하는 것이 아니라
이것은 절실한 기다림의 이야기입니다.

자기를 이렇게 기록합니다.
의기양양 잘난 척하는 것이 아니라
이것은 절절한 외로움의 이야기입니다.

시란 바람이 물체를 움직이듯 사람의 마음을 움직인다
_ 시 비평

　시는 뜻한 것을 말로 표현한 것인데, 마음속에서 일어난 감정이 말로 나타난 것이다. 시에는 육의六義가 있는데, 첫째는 풍風, 둘째는 부賦, 셋째는 비比, 넷째는 흥興, 다섯째는 아雅, 여섯째는 송頌이다.

　풍은 바람이란 뜻으로 바람이 물체를 움직이게 하듯 사람의 마음을 감동시켜서 교화를 이루는 것이다. 아는 바로잡는다는 뜻으로 상하를 정하고 기쁨을 같이하여 온 천하를 일치되게 하는 것이다. 송은 형용이란 뜻인데, 덕을 형용하고 공로를 드러내어 상제上帝와 선왕先王의 제사에 바치는 음악이다. 그래서 잘되고 잘못된 것을 바로잡고 천지와 귀신을 감동시키는 것으로는 시보다 더 좋은 것이 없다.

　왕도가 쇠하고 예의가 문란해지자 변풍變風과 변아變雅가

지어졌다.

    태사공 사마천이 말하기를, "시는 산천山川·계곡溪谷·조수鳥獸·초목草木·자웅雌雄 등을 기록한 것이다. 그래서 시는 풍화風化가 제일이다."라고 하였다.

허목, 『기언』 '시설詩說'

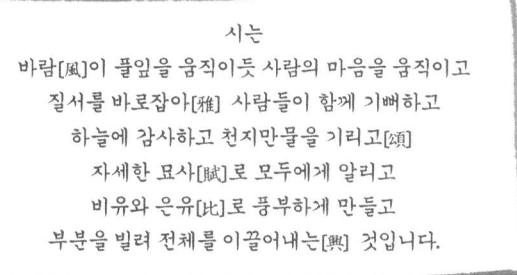

시는
바람[風]이 풀잎을 움직이듯 사람의 마음을 움직이고
질서를 바로잡아[雅] 사람들이 함께 기뻐하고
하늘에 감사하고 천지만물을 기리고[頌]
자세한 묘사[賦]로 모두에게 알리고
비유와 은유[比]로 풍부하게 만들고
부분을 빌려 전체를 이끌어내는[興] 것입니다.

그가 나의 그림을 알아주니 다행이다
_ 그림 비평

　예술의 오묘함은 전공이 아니면 터득할 수가 없다. 어몽룡魚夢龍의 매화라든가 황집중黃執中의 포도라든가 이정李霆의 대나무 같은 그림은 모두 한 분야를 전공하여 이름을 얻은 것이다. 이후 오늘날까지 그 오묘한 전통이 끊긴 지가 오래되었다.

　내가 10년 전 막내아우 허서許舒에게서 이산해李山海의 묵포도墨葡萄 그림을 얻었는데, 뻗어가는 넝쿨과 피어나는 잎과 드리워진 열매는 옛 사람의 오묘함을 그대로 잘 살려 아주 신비스러운 데가 있다.

　오늘날 그 사람은 이미 죽어서 다시 볼 수 없는데, 들으니 그가 죽을 무렵 집안 식구에게 부탁하기를, "나의 그림이 아주 특이하지만, 세상에서 알아 줄 사람이 없다. 그런데 다행히 허목許穆이 나의 그림을 알아준다. 또 그의 글은 반드시 후세에 전해질 것이니, 나의 죽음을 알리고 나의 그림도 가지고 가서 글을 받아 보관하여라. 그러면 내가 죽어도 한이 없겠다." 하였다 한다.

  나도 그의 뛰어난 솜씨가 쉽게 얻을 수 있는 것이 아님을 알고서, 여러 번 그의 작품의 귀중함을 말한 적이 있었다. 그는 자신을 깊이 알았으나 알아주는 이를 만나기 어려웠다. 그래서 그런 말을 하였겠지만, 그의 심정은 이에 대하여 많은 고심을 하였을 것이니, 그의 인품과 그림을 알 수 있겠다. 나로 하여금 감격의 눈물이 흐르게 하는데 내 어찌 한마디 말을 아껴 이미 죽은 이의 마음을 저버리겠는가.

허목, 『기언』 '포도첩기葡萄貼記'

> 예술가는
> 나의 그림을 알아주는 사람이 있다면
> 나는 죽어도 여한이 없다고 말합니다.
>
> 나의 맘을 알아주는 사람이 나를 안아주는 사람이고,
> 나의 뜻을 알아주는 사람이 나를 밝혀주는 사람입니다.

음악이 바르면 마음이 바르게 된다
_ 음악 비평

　영주구伶州鳩가 말하기를, "악기의 경우, 무거운 금金과 석石은 세성細聲을 숭상하고, 가벼운 와瓦, 토土와 사絲는 대성大聲을 숭상합니다. 이 때문에 금琴과 슬瑟은 궁음宮音을 숭상하고, 종鍾은 우음羽音을 숭상하며, 석은 각음角音을 숭상합니다. 포匏와 죽竹은 성음이 잘 조화되는 것으로 제도를 삼고, 혁革과 목木은 소리가 일정하여 청탁淸濁의 변화가 없습니다.
　정치는 음악을 본뜨고, 음악은 조화로움을 숭상하며, 조화로움은 고른 것을 숭상하니, 소리로 음악을 조화롭게 하고, 율조로 소리를 고르게 합니다. 금과 석으로 오성을 움직여 일으키고 사와 죽으로 오성을 이어 가며, 시로 뜻을 이끌어 내고 노래로 시를 읊으며, 포로 한껏 드높이고 와로 소리를 도우며, 혁과 목으로 조절합니다.

모든 일이 일정함을 얻으면 그것을 '음악이 딱 맞고 조화롭다'라고 하니, 딱 맞고 조화로움이 모인 것을 소리라고 하고, 소리가 응하여 서로 편안한 것을 조화라고 하며, 세성과 대성이 넘나들지 않는 것을 고르다고 합니다. 이와 같이 되고 나서 금을 주조하고 석을 갈며, 목에 사를 매고 포와 죽에 구멍을 내며, 북으로 조절하여 연주해서 순조롭게 합니다.

이렇게 되면 적체되는 음기도 없고 흩어지는 양기도 없습니다. 음과 양이 순서를 따르고 바람과 비가 때에 맞아 좋은 곡식이 풍성하게 자라고 백성이 조화를 이루니, 일이 갖추어지고 음악이 이루어져 상하가 힘들지 않게 됩니다. 그러므로 '음악이 바르다'라고 하는 것입니다." 하였다.

조화롭고 고른 소리가 있다. 이에 중용中庸의 덕으로 이끌어 내고 중화中和의 음으로 읊으니, 덕음德音이 어그러지지 않아 신과 사람에게 합치된다.

태사공太史公이 말하기를, "궁음宮音을 들으면 사람으로 하여금 온화하고 여유 있어져 마음을 넓고 크게 하고, 상음商音을 들으면 반듯하여 의를 좋아하게 하고, 각음角音을 들으면 가엾고 불쌍히 여기는 마음이 생겨 사람을 사랑하게 하고, 치음徵音을 들으면 선행을 즐겁게 여겨 베풀기를 좋아하게 하고, 우음羽音을 들으면 가지런히 정돈되어 예를 좋아하게 한다."

하였다.

『악기樂記』에 이르기를, "궁宮은 임금을 위한 것이고, 상商은 신하를 위한 것이고, 각角은 백성을 위한 것이고, 치徵는 일을 위한 것이고, 우羽는 물物을 위한 것이다.

궁이 어지러우면 임금이 교만해지고 그 음은 거칠며, 상이 어지러우면 정치가 무너지고 그 음은 퇴락하며, 각이 어지러우면 백성이 원망하고 그 음은 근심스러우며, 치가 어지러우면 일이 수고롭고 그 음은 슬프며, 우가 어지러우면 재물이 바닥나고 그 음은 위태롭다. 이와 같이 되면 나라가 당장 멸망할 것이다." 하였다.

태사공이 말하기를, "옛날의 현명한 왕이 음악을 일으킨 것은 마음을 즐겁게 하고 뜻을 유쾌하게 하여 욕망에 내맡기려 해서가 아니고 세상을 다스리기 위해서였다. 그러므로 교육을 바로잡으려는 자는 모두 음악에서 시작하였으니, 음악이 바르게 되면 마음이 바르게 된다." 하였다.

허목, 『기언』 '악설 5편樂說五篇'

음악이 후줄근하면 세상이 후줄근하고
음악이 바르면 세상이 바르게 됩니다.
세상이 어지러우면 음악이 어지럽고
세상이 아름다우면 음악이 아름답습니다.

음악은 세상을 담은 형식이자 내용이기 때문입니다.

말하지 않는 것이 없어 왕이 꺼렸다
_ 정습명 비평

　추밀원지주사 정습명이 졸하였다.

　정습명은 영일현 사람이다. 뜻이 높고 특출하였으며, 학문에 힘써서 문장에 능하여 과거에 급제하였다. 이전에 왕께서 태자로 있을 때, 정습명이 시독侍讀이 되었다. 인종이 태자가 계승하지 못할 것을 우려하였고, 태후도 작은아들을 사랑하여 장차 태자로 세우려고 하였다. 정습명이 마음을 다하여 보호하였기 때문에 태자가 폐함을 당하지 않았다. 정습명은 오랫동안 간관직에 있었는데, 간쟁하는 신하의 풍모가 있어 인종이 깊이 그를 중히 여겨서 승선에 발탁하여, 동궁의 스승이 되었다.

　인종이 병중에 태자에게 이르기를, "나라를 다스리는 데 마땅히 정습명의 말을 들어야 한다." 하였다. 왕이 왕위를 이

어받자, 전에 태후가 작은아들을 세우려 하던 일을 원망하였다. 하루는 태후를 모시고 앉아 있다가 말이 태후에게 미치자, 태후가 맨발로 뜰에 내려가 하늘을 우러러 맹세하였다.

홀연히 천둥과 비가 함께 일고, 번개가 심하게 치며 자리까지 들어왔다. 왕이 놀라고 두려워서, 몸을 구부리고 태후의 옷자락 밑으로 들어갔다. 바로 그때 벼락이 궁전의 기둥을 쳤다. 왕이 잘못을 뉘우치고, 드디어 모자의 정이 처음과 같이 되었다.

정습명은 선조인종仁宗의 부탁을 받았다고 여겨 아는 것은 말하지 않는 것이 없어 왕이 꺼리니, 김존중과 정함이 밤낮으로 정습명을 헐뜯었다. 마침 정습명이 병으로 휴가를 청하니, 김존중에게 그 직임을 임시로 대행시켰다. 정습명이 왕의 뜻을 헤아려 알고, 약을 물리쳐 먹지 않고 죽었다.

김종서, 『고려사절요』 '신미 5년辛未五年'

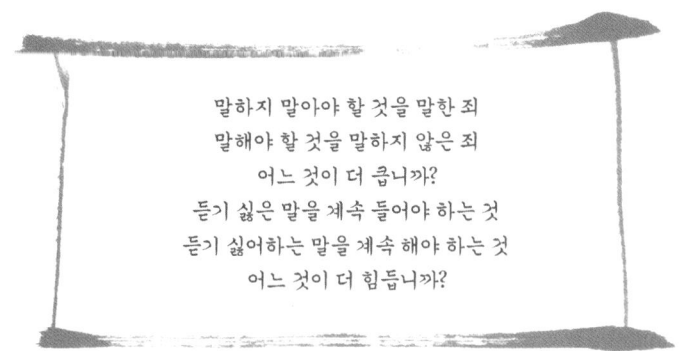

말하지 말아야 할 것을 말한 죄
말해야 할 것을 말하지 않은 죄
어느 것이 더 큽니까?
듣기 싫은 말을 계속 들어야 하는 것
듣기 싫어하는 말을 계속 해야 하는 것
어느 것이 더 힘듭니까?

봄볕과 같이 따스한 사람
_ 인물 비평

　그를 바라보면 산이 우람하게 솟는 듯, 물이 맑게 고인 듯하였다. 그를 대하면 옥과 같은 윤기가 느껴지고 봄볕과 같은 따스함이 전해졌다. 누가 그의 모습을 그려내리오.
　국가를 세우는 공이 높았고 벼슬은 모든 관료들의 우두머리였다. 그가 임금을 섬김에 있어서는 확고한 절조가 평안할 때나 위험할 때나 변함이 없었고, 그가 백성을 사랑함에는 살리며 기르려는 그 심성이 모든 분야에서 충분히 나타났다. 나쁜 것을 볼 때엔 병과 같이 싫어했고, 착한 것을 볼 때엔 굶주린 것같이 갈망하였다. 스스로 바르게 처신함으로 남들이 차마 속이지 못했다. 내가 아첨하려는 것이 아니라 이것은 모든 사람의 여론이다.

정도전, 『동문선』 '又趙浚政丞眞贊'

산처럼 높고
물처럼 맑으며
옥처럼 빛나고
봄처럼 따뜻한 사람이 있습니다.

모두에게 그런 사람이었고,
모두가 그렇다고 인정한 사람이었습니다.

지금 또 이 글을 해석해서 인쇄하시니
_ 서책 비평

『소학』이란 책은 인도人道에 가장 절실한 것이니, 말하자면 음식이나 물과 불을 제외시킬 수 없는 것과 같다. 다만 우리나라 사람들 중에 문자文字를 아는 이가 적으니, 만일 우리말로 해석해 주지 않으면 궁벽한 시골이나 여염집의 부인과 어린 아이들이 비록 배우고자 하더라도 어찌할 수가 없다. 그래서 번역 작업을 하게 된 것이다.

지난 중종조中宗朝 무인년1518년에 관각의 신하들이 전교를 받들어 『언해소학』을 찬술하였다. 그 당시에 다분히 문학에 자처하는 자들이 이 작업에 참여하여 꽤 자세하고 세밀하게 만들었지만, 그 자의字義를 놓아두고 주석만 달았기 때문에 원문과 해석이 판이하게 둘로 구분되니, 보는 자가 이것을 문제로 삼았던 것이다.

만력 을유년1585년 봄에 교정청을 설치하고 몇몇을 선발하여 지난날의 것을 바로잡았다. 번잡한 부분을 삭제하고 한 구절 한 구절을 본래의 뜻에 충실하게 해석하면서 문의文義를 잃지 않는 것을 위주로 하였으니, 이것은 성상께서 의도한 바였던 것이다. 다음해 여름에 작업을 마치자, 즉시 정리를 해서 올렸다. 성상께서 인가를 하시고 수십백 질을 인출印出토록 하였고, 이어서 신에게 명하여 그 책의 끝에다 발문을 싣도록 하셨다.

　생각건대, 삼대 이후로 상庠과 숙塾에서 실시하는 교육을 폐지함으로써 인도하는 방법이 무너지자, 문장을 암기하고 짓는 공부에만 치중하는 학습 태도와 이름과 녹봉을 꿈꾸는 생각이 이미 어린 시절부터 고질이 되었다. 그리하여 실속 없이 겉치레만 힘쓰고 조급하게 남과 권세나 다투는 습성이 날이 가고 달이 갈수록 심해져서 결국은 마음이 사욕에 가로막혀 본성을 잃고 마는 상황에 이르게 되었다. 이는 뿌리를 배양하지 않으면 가지가 마르는 것과 같은 것이다. 인재가 등장하지 않고 훌륭한 정치가 재현되지 않는 원인이 바로 여기에 있었던 것이다.

　그 동안 인재가 나와서 임금의 인정을 받아 복고復古에 뜻을 둔 적이 있었지만, 시기와 질투를 일삼는 무리들이 틈을 노려 화禍를 입히니, 이로부터 사람들이 『소학』을 경계하게 되었다. 이렇듯 공경하고 신뢰하던 글이 도리어 사람의 눈과 마음에 겁을 먹게 하는 도구가 되고 보니, 책을 묵혀 두거나 망가뜨려서 먼지구덩이 속에 팽개쳐 버린 지가 오래 되었다.

　최근에 선비정신이 조금 소생함에 따라 사람들이 선善을 사모할 줄을 알게 되었다. 그렇지만 아직도 높은 데 오르려면 낮은 데부터 시작하고 먼 곳에 가려면 가까운 데서부터 출발한다는 의미를 모르다 보니, 먼저 몸을 닦는 것에 최선을 다하지 않고 지레 성명性命에 관한 학설을 일삼고 있다. 그렇기 때문에 실천력이 약해서 나쁜 기질을 변화하기 어려우며, 명분상 학문을 한다고 하지만 거친 데로 돌아가지 않는 자가 적으니, 『소학』이 세상에 시행되지 않는 것이 전과 다를 바 없다. 선비들도 이 모양인데 더구나 부인이나 어린 아이들이야 어떠하겠는가.

　생각건대, 우리 전하께서는 몸소 실천을 다하시고 교육을 흥기시키는 데에 정성을 다하지 않은 적이 없으셨다. 지금 또 이 책을 해석해서 인쇄하여 널리 유포하시니, 아, 이 책이 어찌 특별히 선비들의 지침서만 될 뿐이겠는가. 사람들의 귀천과 노소를 따질 것이 없이 다 사람다운 사람이 되기 위한 방법이 여기에 담겨져 있다. 삼가 몸과 마음을 수습하여 남자는 외우고 여자는 익히며, 아침에 배운 것을 저녁에 실천하되, 습관화하여 성질을 변화시켜서 거스를까 하는 걱정이 없게 하고 순서를 밟아서 점진적으로 나아감으로써 효과가 있게 한다면, 장차 군자가 되고, 선인이 되고, 충신이 되고, 효자가 되고, 열부가 될 것이다. 만일 혹시라도 성상께서 백성들을 깨우쳐 주려 하신 지극한 가르침을 체득하지 않고, 오활한 데에 빠져서 뜬구름만 잡으려 하고 책을 펴고 찬찬히 익히려 하지 않는다면, 이는 죄인이 될 것이니 두렵지 않을 수 없는 일이다.

신 아무는 삼가 절하고 공경히 발문을 쓰다.

이산해, 『아계유고』 '언해소학의 발문諺解小學跋'

이 책을 읽기 전과 읽은 후가 같다면
그런 책, 읽을 필요 없습니다.

이 책이 세상에 나오기 전과 나온 후가 같다면
그런 책, 만들 필요 없습니다.

평생 눈에 갖다 바쳤던 것을
입에 갖다 바칠 수밖에

_ 미술 비평

　이 두루마리 그림은 상고당尙古堂 김광수金光遂의 소장으로서 구십주仇十洲의 진품이라 여기어 훗날 자신이 죽으면 무덤에 같이 묻히기로 다짐했던 것이다. 그런데 김씨가 병이 들자 다시 관재觀齋 서상수徐常修의 소장품이 되었다.

　당연히 훌륭한 작품이다. 아무리 세심한 사람이 열 번 이상 완상했더라도 다시 그림을 펼쳐 보면 문득 빠뜨린 것을 다시 보게 된다. 절대로 오래 완상해서는 안 된다. 자못 눈을 버릴까 두려워서다.

　김씨는 골동품이나 서화의 감상에 정밀하여, 절묘한 작품을 만나면 보는 대로 집안에 있는 자금을 다 털고, 집과 땅까지도 팔아서 보태었다. 이 때문에 국내의 진귀한 물건들은 모두 다 김씨에게로 돌아갔다.

그렇게 하자니 집안은 날로 더욱 가난해졌다. 노년에 이르러서는 하는 말이, "나는 이제 눈이 어두워졌으니 평생 눈에 갖다 바쳤던 것을 입에 갖다 바칠 수밖에 없다." 하면서 물건들을 내놓았으나, 팔리는 값은 산 값의 10분의 2, 3도 되지 않았다. 이도 이미 다 빠져 버린 상태라 이른바 '입에 갖다 바치는' 것이라곤 모두 국물이나 가루음식뿐이었다. 참으로 안타까운 일이라 하겠다.

박지원, 『연암집』 '관재가 소장한 청명상하도 발문觀齋所藏淸明上河圖跋'

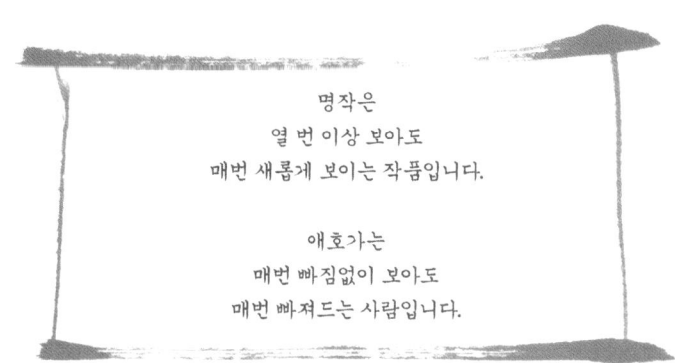

술에 등급이 있다면
_ 술 비평

　맑은 빛깔에 맛이 시원한 술은 성인聖人이고, 황금 같은 빛깔에 맛이 진한 술은 현인賢人이고, 검은 빛깔에 맛이 시큼한 술은 우인愚人이며, 유양糯釀, 찹쌀로 빚은 것으로 사람을 취하게 하는 술은 군자君子이고, 납양臘釀, 동지 뒤 셋째 술일에 빚은 것으로 사람을 취하게 하는 술은 중인中人이고, 주점酒店에서 구입한 것으로 사람을 취하게 하는 소주燒酒는 소인小人이다.

허균, 『한정록』 '상정觴政'

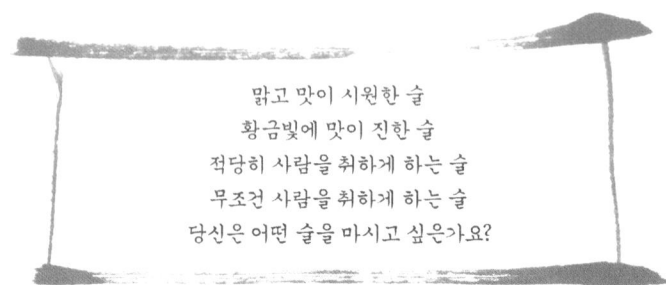

맑고 맛이 시원한 술
황금빛에 맛이 진한 술
적당히 사람을 취하게 하는 술
무조건 사람을 취하게 하는 술
당신은 어떤 술을 마시고 싶은가요?

이름을 대신할 것을 생각하다
_ 인물 비평

　늙은이가 이름을 숨기고자 해서 그 이름을 대신할 것을 생각해 보았다.
　"옛 사람들은 호號로써 이름을 대신한 이가 많다. 호를 보면 자기의 사는 곳을 가지고 호로 삼은 이도 있고, 자기 집에 있는 물건을 두고서 호로 삼은 이도 있으며, 또는 자기의 포부를 가지고 호로 삼은 이도 있다. 왕적이 동고자東皐子라고 호를 지은 것과, 두자미가 초당선생草堂先生이라고 호를 지은 것과, 하지장이 사명광객四明狂客이라고 호를 지은 것과, 백낙천이 향산거사香山居士라고 호를 지은 것은 사는 곳을 가지고 호로 지은 것이다. 도잠이 오류선생五柳先生이라고 호를 지은 것과, 정훈이 칠송처사七松處士라고 호를 지은 것과, 구양자가 육일거사六一居士라고 호를 지은 것은, 집안에 있는 물건을 두고서 호로 지은 것이다. 장지화의 현진자玄眞子와 원결의 만랑수

漫浪叟는 자기가 가진 포부를 가지고 호로 지은 것이다.

　나는 이와는 좀 다르다. 정처 없이 떠돌아다녀 사는 곳이 일정하지 않고, 또 집에 물건 하나도 길러둔 것이 없으며, 가진 포부도 없다. 내 호를 무엇이라고 하였으면 좋겠는가. 어떤 이는 나를 초당선생이라고 하지마는, 나는 두자미가 초당선생이기 때문에 양보하고 받아들이지 않았다. 더욱이 나의 초당은 잠깐 머무는 곳일 뿐이요, 살 곳으로 정한 데가 아니니, 잠깐 머문 곳을 호로 삼자면, 그 호가 또한 많지 않겠는가. 평생에 오직 거문고와 시와 술을 심히 좋아하였으므로, 처음에는 나대로 호를 삼혹호선생三酷好先生이라고 하였다. 그러나 거문고 타는 것도 훌륭하지 못하고 시를 짓는 데도 공부가 미흡하고, 술도 많이 마시지 못하니, 이 호를 만약 그대로 가진다면, 세상 사람들이 크게 웃지 않겠는가. 그래서 이것을 고쳐 백운거사白雲居士라고 했다."

　어떤 이는 말하기를, "자네가 장차 청산에 들어가 누웠다가 백운白雲에 가서 누우려고 하는가. 왜 호를 이렇게 지었는가." 하였다.

　내가 답하기를 "그런 것이 아니다. 백운은 내가 사모하는 것이다. 사모하여 이것을 배우면, 비록 그 실상을 그대로는 다 얻지 못한다 하더라도 거기에 가까워지기는 할 것이다. 구름이라는 것은 뭉게뭉게 피어오르고 한가히 떠서, 산에도 머물지 않고, 하늘에도 매달리지 않으며, 자유롭게 동서로 떠다니면서 그 형적이 구애됨이 없다. 잠깐 사이에 변화를 하고, 시종 어디가 끝인지 알 수 없으며, 뭉실뭉실 퍼져나가는 그 모양은 마치 군자가 세상에 나가는 것과 같은 기상이요, 조용히 걷히는 그 모양은 마치 군자가 세상을 은퇴하는 것과 같은 모습이다. 비를 일으켜 가뭄을 소생시키는 것은 인仁이요, 와도 한군데에 애착이 없고, 가도 서운한 미련이 없는 것은 통通이다. 그리고 빛깔이 푸르고, 누르고, 붉고, 검은 것은 구름의 정색이 아니요, 오직 희고 색채가 없는 것이 구름의 빛깔이다. 덕이 이미 저와 같고, 빛깔이 또한 이와 같으니, 사모하여 이것을 배워서 세상에 나가게 되면, 물物을 윤택하게 할 것이요, 집에 들어앉게 되면 아무 욕심 없이 그 흰 것을 지켜서 언제나 편안한 마음이 되어, 구름이 나인지 내가 구름인지 모를 것이다. 그렇게 되면 이것이 옛 사람의 포부에 가깝지 않겠는가." 하고 말하였다.

다른 이는 또 말하기를, "어떤 이를 거사居士라고 하는가." 하였다.

내가 대답하기를 "산에 살거나, 집에 살거나 간에 오직 도를 즐긴 뒤라야 거사라고 호를 삼을 수 있으니, 나는 집에 살면서 도를 즐기는 사람이다." 하고 말하였다.

이렇게 말을 하니, 어떤 이는 또 말하기를, "참으로 이와 같으면, 자네의 말은 정말 통달하였다. 반드시 기록해 두어야 하겠네." 하므로 이것을 써둔다.

이규보, 『동문선』 '백운거사 어록白雲居士語錄'

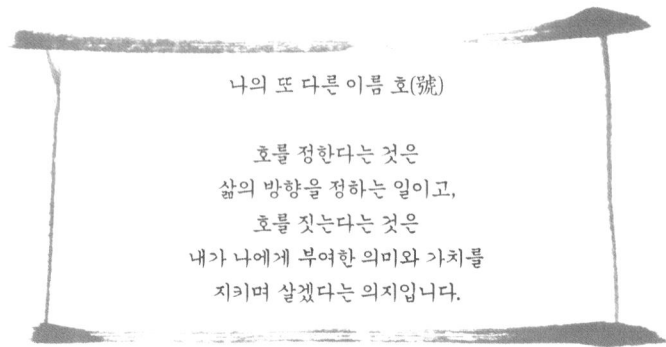

나의 또 다른 이름 호(號)

호를 정한다는 것은
삶의 방향을 정하는 일이고,
호를 짓는다는 것은
내가 나에게 부여한 의미와 가치를
지키며 살겠다는 의지입니다.

입맛을 다시다
_음식 비평

　우리집은 가난하기는 했지만 선친이 생존해 계실 적에는 사방에서 별미를 예물로 바치는 사람이 많아서 나는 어릴 때 온갖 진귀한 음식을 고루 먹을 수 있었다. 커서는 잘사는 집에 장가들어서 산해진미를 다 맛볼 수 있었다.
　임진왜란 때 병화를 피해 북쪽으로 갔다가 강릉으로 돌아왔다. 그곳에서 지내는 동안 기이한 해산물을 골고루 맛보았고, 벼슬길에 나선 뒤로는 전국으로 다니면서 우리나라에서 나는 별미를 모두 먹어볼 수 있었다.
　식욕과 성욕은 사람의 본성이다. 더구나 음식은 생명에 관계되는 것이다. 선현들이 먹는 것을 바치는 자를 천하게 여겼지만, 그것은 먹는 것만을 탐하며 자기의 이익을 추구하는 자를 지적한 것이지 어떻게 먹지도 말고 말하지도 말라는 것이겠는가. 그렇지 않다면 무엇 때문에 팔진미의 등급을 『예경』에 기록했으며, 맹자가 생선과 곰발바닥의 구분을 했겠는가.

　내 일찍이 하씨의 『식경』과 서공의 『식단』을 보았는데, 두 사람은 모두 천하의 진미를 빠짐없이 기록하여 그 종류가 만萬을 헤아리도록 많았다. 그러나 자세히 보면 그것은 좋은 이름만 기록하여 눈만 현란하게 하는 것에 지나지 않는다. 우리나라는 바다로 둘러싸였고 높은 산이 솟아 물산이 풍부하다. 만일 두 사람을 따라 명칭을 바꾸어 구분한다면, 아마 역시 만萬의 수는 될 것이다.

　내가 죄를 짓고 바닷가로 유배되었을 적에 쌀겨마저도 부족하였다. 밥상에 오르는 것은 상한 생선이나 감자·들미나리 등이었고, 그것도 끼니마다 먹지 못하여 굶주린 배로 밤을 지새울 때면 언제나 지난날 산해진미도 물리도록 먹던 때를 생각하고 침을 삼키곤 하였다. 다시 한 번 먹어보고 싶었지만, 하늘나라의 복숭아처럼 까마득하니 동방삭이 아닌 바에야 어떻게 훔쳐 먹을 수 있겠는가.
　마침내 종류별로 나열하여 기록해 놓고 가끔 보면서 한 점의 고기로 여기기로 하였다. 쓰기를 마치고 나서 『도문대작屠門大嚼, 푸줏간 앞을 지나가면서 입맛을 다신다』이라 하여 먹는 것에 너무 사치하고 절약할 줄 모르는 세상 사람들에게 부귀영화는 이처럼 무상할 뿐이라는 것을 경계하고자 한다.

신해년1611년, 광해군 3년 4월 21일 성성거사는 쓴다.

허균, 『성소부부고』, '도문대작 인屠門大嚼引'

음식의 절반은 기억이며 나머지 절반은 이야기입니다.
옛날에 먹던 감자조림을 그리워하는 것이 엄마 이야기
김밥을 바꿔먹고 포도봉봉을 마시는 것이 소풍 이야기
케이크에 초를 켜고 미역국을 먹는 것이 생일 이야기
삶은 고구마에 김치를 얹어 먹는 것이 겨울 이야기
고갈비에 소주 한잔을 기울이는 것이 친구 이야기.

저의 뜻을 아십니다
_ 건축 비평

　골짜기의 어귀와 연못의 언덕에 정자가 있으니, 바로 나의 아우인 사거斯擧가 지은 것이다. 아우는 난리를 겪은 뒤에 돌아와 우연히 이 골짜기에 터를 잡고 거처로 삼으니, 곧 이 정자였다. 연못도 주인이 직접 쌓은 것인데 제방이 바위를 이용하였으므로 그 바위에다가 주추를 세우고 정자를 지으니, 이 때문에 연못에 임하지 않을 수 없었다.
　하루는 내가 정자로 방문하였더니, 술이 몇 순배 돌자 아우는 나에게 정자 이름을 청하였다. 나는 마침내 취한 김에 정자를 돌아보고 이름을 생각해 내니, 곧 자성정이다. 이 이름은 어찌하여 생각하였는가? 이 골짜기의 어귀가 긴 바람을 이끌어 오기 쉽고 연못에 상쾌한 기운이 많기 때문이다.
　정자 위에서 여러 병의 술을 기울여 마시고 쓰러져 있으면, 손님은 흩어져 돌아가고 뜰은 비어 있으며 연못은 고요하고 물고기는 한가롭다. 마주 있는 높은 봉우리에는 둥근 달이 떠오르고, 바위 사이에 졸졸 흐르는 물은 베개 위에 옥소리를 들려준다. 그렇다면 이 몸이 이 때에 술에서 깨지 않으려 하나, 될 수 있겠는가.

술을 깨고 나서 살펴보면 한심스러운 것이 한두 가지가 아니다. 두건을 삐딱하게 쓰고 있는 것은 내 무슨 몰골이며, 고함치고 시끄럽게 떠든 것은 내 무슨 목소리인가. 천둥과 벼락이 귓전에 울리는데도 그 누가 나로 하여금 듣지 못하게 하며, 깊은 구덩이가 눈앞에 있는데도 그 누가 나로 하여금 보지 못하게 하였는가. 만일 이보다 더하면 이 몸이 거의 이 몸이 되지 못할 것이다.

술에 취했을 때에는 무슨 마음이며 술을 깨었을 때에는 무슨 마음인가. 이미 술이 깬 뒤의 마음으로 술에 취해 있을 때의 마음을 생각해 보면 딴 사람과 같다. 내가 만일 빨리 술에서 깨어나지 않는다면 이 긴긴 밤을 어둡게 지날 터인데, 나를 빨리 술에서 깨어나도록 하는 것은 이 정자가 있기 때문이다. 이 정자가 주인에게 도움을 주는 것이 많음을 알 수 있으니, 주인이 이 정자를 가지고 있음은 꿈을 꾸느냐 꿈을 깨느냐의 큰 기회이다. '자성정'이라는 이름이 주인의 생각에 부합하지 않겠는가.

주인이 말하기를, "예, 그렇습니다. 형은 과연 저의 뜻을 아십니다. 저의 뜻을 아십니다." 하였다. 그리고 또 다음과 같이 말하였다.

"저의 자식과 조카들도 꽤 술을 좋아하며 정자로 찾아오는 손님들도 많으니, 만약 이 말을 써서 벽 위에 걸어 놓는다면 우리 정자에 걸맞지 않겠습니까. 하물며 온 세상이 취하여 일생을 마친 뒤에나 그치니, 그렇다면 어찌 다만 하룻밤의 취함일 뿐이겠습니까. 이 정자의 이름을 듣는 자들은 혹 두려워하여 스스로 반성함이 있을 것입니다."

이에 나는 정자에 훌륭한 주인이 있는 것을 기뻐하여 마침내 이것을 쓰게 되었다.

장현광, 『여헌집』 '자성정에 대한 기문自醒亭記'

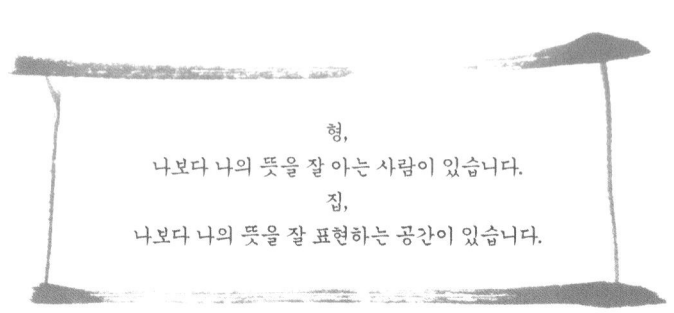

형,
나보다 나의 뜻을 잘 아는 사람이 있습니다.
집,
나보다 나의 뜻을 잘 표현하는 공간이 있습니다.

지리산에 올라 보면
_산 비평

　백장사百丈寺 남쪽이 군자사君子寺인데, 지리산 북쪽 기슭에 있는 고찰이다. 그 아래가 용유담龍游潭으로, 홍수나 가뭄이 들었을 때 희생과 폐백을 써서 제사를 지낸다. 용유담의 물은 반야봉 아래에서 발원하여 동쪽으로 흘러 임계가 되고, 다시 동쪽으로 흘러 용유담이 된다.

　골짜기는 돌투성이고 양쪽 벼랑에서 물이 흘러 돌 위에 석감石坎·석두石竇·석갱石坑이 있는데 용이 꿈틀거리는 듯하고 용이 서려 있는 듯하여, 기괴한 것이 천태만상이다. 물은 짙은 흑색인데 솟구쳐 올라와 소용돌이를 이루고, 빙빙 돌며 하얗게 부서져 얕은 모래톱이 없는 곳이 1리가 넘으며, 그 아래 긴 여울이 또 1리가 넘는데, 동쪽으로 흘러 마천과 엄뢰가 된다.

　군자사 남쪽 벼랑을 따라 백모봉과 제석봉에 올랐다. 그 위가 천왕봉이니 1만 4000길이어서 최고봉이 되는데, 몹시 추운 날이 많아 나무가 자라지 못하며, 8월에도 세 차례나 눈이 내린다.

  이곳에서의 전망은 동쪽으로 해 뜨는 곳까지 다하여 근해의 섬에서 그림자가 끊어지고, 그 밖은 대마도로 일본의 왜倭이다. 그 서쪽은 연燕과 제齊의 바다이고, 큰 육지가 천 리를 뻗어 있다. 최남단은 탐탁라耽乇羅, 제주도이고, 그 너머는 눈으로는 볼 수 없다.

허목, 『기언』, '지리산기智異山記'

쌍계사, 화엄사, 실상사, 천은사, 칠불사
뱀사골, 피아골, 노고단, 구룡암, 불일폭포
천왕봉, 반야봉, 토기봉, 촛대봉, 삼도봉
구름병아리난초, 금강애기나리, 기생꽃, 너도바람꽃, 자주솜대
구상나무, 흰말채나무, 물푸레나무, 회목나무, 땃두릅나무
반달가슴곰, 하늘다람쥐, 황조롱이, 삵, 수달.

모두가 지리산에서 태어나고, 자라고, 사랑하고,
늙고, 쉬고 있습니다.

친구에게 배우다

_인물 비평

 허균이 말하기를, "둔재遯齋 성세창成世昌과 모재慕齋 김안국金安國이 호당에서 사가독서賜暇讀書를 하였는데, 둔재는 집안이 본디 부유하여 이불과 베개에 모두 모시를 써서 매우 화려하고 사치스러웠고, 모재는 평소 살림이 검약하고 성품이 사치스러운 것은 좋아하지 않은 까닭에 베 이불과 나무 베개를 써서 쓸쓸하기가 마치 가난한 선비와 다름없었다.

 이에 성세창이 매우 부끄럽게 여겨 밤새도록 편안히 잠을 들지 못하다가 날이 밝자 집에 돌아가서 부인에게 말하기를, '김안국이 마치 나의 사치함을 비웃는 듯하니, 내가 어찌 이와 같이 부끄러움을 느껴야 하겠소.' 하고는, 즉시 질박하고 검소한 것으로 바꾸도록 명하여 그제서야 감히 함께 잠을 잤다고 하였다." 하였다.

이유원, 『임하필기』
'성돈재와 김모재가 함께 사가독서하다 成遯齋金慕齋同賜暇'

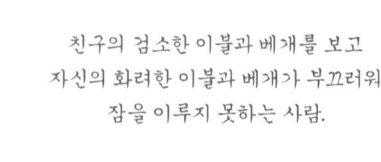

친구의 검소한 이불과 베개를 보고
자신의 화려한 이불과 베개가 부끄러워
잠을 이루지 못하는 사람.

친구는 친구를 닮아가고
친구는 친구를 깨우쳐 주는 존재입니다.